先が見えなくても、やる気が出なくても

すぐ動ける人の週1ノート術

大平信孝

PHP

本書は、1冊のノートで
悩みすぎ状態から抜け出し、
即断即決できるようになる本です。

「考えてばかりで動けない自分が嫌だ」

「自己肯定感が低く、なかなか新しいことに挑戦できない」

「これからの時代やっていけるのかと考えると不安しかない」

そんなあなたに、この本を贈ります。

はじめに

もっとスムーズに行動できればいいのに……。

安心してください。そう思っているのはあなただけではありません。

多くの方が、現状を変えたいと思っているのに、なかなか行動にうつせず、悶々とした日々を過ごしています。いま不安に押しつぶされそうになっているのはあなた一人ではありません。


「いつかいつかと思いつつ、ほとんど動けていない」「行動できる自分になりたい」「あのとき、すぐに行動できていたらよかったのに……」

私は、メンタルコーチとして多くの方からそういった相談をうけてきました。

そんなとき、私が「行動力を高める秘訣」としてお伝えしていることは、たった1つです。

行動力を高める秘訣

「仮決め・仮行動し、週に1回ノートを使った軌道修正タイムを設ける」

「仮決め・仮行動?」「軌道修正タイム?」と頭にクエスチョンマークが浮かんだ方もどうか心配しないでください。誰でも簡単に実践できる方法を本書でお伝えします。

しかも、これを身につけるだけで、行動力は必ず上がります。

そして、いま感じている不安が希望に変わっていきます。先延ばし癖、優柔不断、未完了が増えていくストレスといった悩みも、あっさりなくなっていきます。

同時に、自己肯定感も上がります。ストレスが激減し、充実感や達成感を得られるようにもなります。さらに、新しい出会いやチャンスに恵まれるという上昇気流にも乗っていけることでしょう。

□行動力がある人とない人の「ちょっとした違い」

行動力がある人、すぐ動くことが自然にできる人というのが、あなたの周りにも一人や二人はいるのではないでしょうか。そういう人を見て、「憧れるけれど、自分はとてもああはなれない……」とあきらめていませんか。

私は**目標実現の専門家として、1万5000人以上の方々の夢や目標の加速実現をサポート**してきました。その中には、オリンピック出場選手、トップモデルやアーティスト、次世代を担う起業家、ベストセラー作家の方などがいます。

そうした方々をサポートしてきて驚いたことがあります。

というのも、行動する秘訣が、ずば抜けた精神力やモチベーションにはなかったからです。多くの方が、私たちと同じように悩んだり不安になったり、ときにはやる気が出なくて戸惑ったりしていたのです。

ただ1つだけ違っていたこと、それこそが「仮決め・仮行動」と「軌道修正」をする習慣があるかどうかでした。

これは、先ほども述べたように、誰でも知っていればできることです。

つまり、行動力がある人とない人の差というのは、ちょっとした違いなのです。

もちろん、本書でお伝えする行動力というのは、トップアスリートや起業家になるためのものではありません。

今、**私たちに必要なのは、日常の小さな事柄に対する行動力**です。

例えば、朝起きてから仕事を始めるまでの行動、先延ばししていたことに着手するまでの行動、気になっていることに取りかかるまでの行動。

いずれも些細なことかもしれませんが、そういった小さな行動の集積で、1日、1週間、1ヶ月、1年、そして人生は構成されています。

したがって、こうした一つひとつの場面で**「すぐ動ける」ようになることで、人生全体を豊かなものに変えていける**のです。

自分の人生を自分で生きている感覚、「人生」という車の運転席に座って、自ら運転し、目的地に向かっている感覚を味わいながら進んでいけるようになるのです。

□ただ動けばいいわけではない

- 考えてばかり、愚痴ってばかり、言い訳ばかり
- 解決策を知っているだけで満足して、何も行動していない
- 行動不足が原因で、ずっと同じ問題や課題で悩んでいる

何を隠そう、これはかつての私自身です。

私は35歳のときに、妻から「軸なし!」と一喝されたことがきっかけで目が覚め、その後メンタルコーチという天職にたどり着くこともできました。

しかしそれ以前の私は、このまま会社員としてやっていけるのか、生活費を稼いでい

けるのか、いつも不安でした。会社の求める成果を出し続けられずに、クビになったらどうしよう……。もしクビになったら、私のようなスキルも経験も意欲も中途半端な人間は、どの会社からも雇ってもらえないかもしれない……。

そういう**不安はあるのに、なかなか動けない。どうでもいいことはできるのに、自分の人生にとってインパクトがありそうな重要なことに向き合えない。**なんとか行動につなげたとしても、その場しのぎでなんとかごまかしているだけといった状態で、行動が積み上がっていかず、成果は出ませんでした。

それでいて、いつも外ではいい顔をしていたので、たいしたことはしていないのに家ではぐったり疲れている……といった状態でした。

そんな私でも「すぐ動ける人」に変われたのです。

もちろん、単に自分を動かすテクニックやティップスを学んだだけではうまくいきません。それは、「ただ動けばいい」わけではないからです。建前になりがちな自分の「頭の声」だけではなく、本音とつながる「心の声」を聴き、思いを込めた行動こそが人生の流れを変えていくのです。

「不安を希望に変える」ことや「自分を動かす」ことについて、その本質を学びたいと思っている方にこの本をおすすめします。あなたの人生を土台から変えていくことになるでしょう。

この本でお伝えするメソッドは、「本気で変わりたい、ぶっとんだ夢や目標を明確にしたい、夢や目標を実現したい」という思いで、私が主宰する行動イノベーションプログラムに参加してくれているメンバーの研究の成果でもあります。

日々悩み、もがき、試行錯誤し、時に励まし合いながらも、本書で紹介するメソッドを活用して、多くのメンバーが着々と夢をカタチにしています。

ですから、誰でも順番通りに実践すれば、不安を行動力に変えることができます。

大事なことを、もう一度言います。

行動1つを変えるだけで、あなたの人生全体が変わるのです。

CONTENTS

第2章

行動の量を増やす「仮決め仮行動」

第3章 行動の質を上げる「軌道修正」

第4章

「ウィークリーノート」で行動力を高める

――その書き方&活かし方

第5章

ウィークリーノートで人生が好転した3人の実例

第6章

ウィークリーノートを楽に続けていくコツ

第1章

不安があっても行動できる

――その正体と対処法

「不安だから行動しない」のは失敗パターンの王道

「この半年、どんな不安を抱えながら、どんなふうに過ごしてきましたか？」

突然ですが、この本を読むのをちょっとだけ中断して、この半年のことを振り返ってみてください。

おそらく、刻々と状況が変化する中で、

● 変化の波についていくのがやっとで、「これ！」といったことはしていないのに毎日疲れきっている

● 情報収集だけでもしようと頑張っていたけれど、さらに不安になってしまった

● 状況が好転する兆しを待っていたら、あっという間に半年も過ぎてしまった

- ある程度状況が落ち着くまで新しいことに挑戦するのは延期しようと思っていたら、ほぼ何もできずに半年も過ぎてしまった
- 誰かが打開策を見つけてくれるのではないかと期待していたら、ずるずるとここまできてしまった

といった方も少なくないでしょう。

不安なときや考えても調べても正解にたどり着けないというとき、一度立ち止まることは大事です。でも、正解が見つかるのを待っていたり、不安が解消されるのを待っているだけでは、不安はなくならず時間だけが過ぎてしまいます。

「失敗したらどうしよう」「絶対に失敗できないから、ちゃんと正解を見つけてから行動しよう」と考えすぎてしまうと、足が止まってしまい、誰でも動けなくなります。

そして、**「不安だから、行動しない」という思考パターン**から抜け出せず、**状況待ち、指示待ち、正解待ち、条件待ち**をしていると、それだけで半年、1年とあっという間に時間が過ぎてしまいます。

先が見通せなくてもまず動いてみる「グレー力」が不可欠な時代に

これからの時代は、たとえ不安でも、正解が見えなくても、ある程度の方向性を見つけて行動していくことが本当に大事です。

正解が見えなくても、先が見通せなくても、状況が刻々と変化していく中でも、仮決め仮行動・軌道修正していける力を「グレー力」と私は呼んでいます。いま必要なのは、絶対的な正解が見えなくても、仮に決めて、動ける「グレー力」です。

もしかしたら、試しに自分で行動してみて思うような結果が出ないと、「失敗した」と思って、そこで足が止まってしまう方もいるかもしれません。

実は、ちょっと行動してみて思うような結果が出ないのは、失敗ではありません。それは、行動したことで得た「成果」です。期待や予想と違った成果が出た場合は、軌道修正をすればいいだけです。

本当の失敗とは、「不安を理由に行動しない」ことです。気がついた時点で行動すれば対処できたはずの不安でも、放置すると悪化します。

そして、不安を感じているのに対処せずにスルーし続けると、さらに不安になり、思考停止、行動停止、感情停止となり、まったく動けなくなってしまいます。本当は不安を感じているのに何ら対策を取らないのは、問題を先送りしているだけです。

ですから、不安に対処するには、

「不安だから、行動しない」を「不安だからこそ、まず動いてみる」に変えることです。

そのためにもグレー力が必要なのです。

2020年の初め、あなたは何を考えていましたか？

今、時代が激変しています。

それは、2020年のことを思い出してみるだけでも実感できることでしょう。年初は東京オリンピックイヤーということで、なんとなくワクワクしていた方が多かったのではないでしょうか。

オリンピック開催に合わせて新しいテクノロジーが続々と導入され、インバウンド需要で盛り上がって、日本の景気は最高潮。世界の注目が一気に日本に集まる1年に、という前提でいたはずです。

ところが今、現実はどうでしょうか。

東京オリンピックのことが話題に上がることは、ほとんどありません。新型コロナウイルスが終息する見込みはあるのか？　給付金や助成金はいつもらえるのか？　台風、洪水、地震などの異常気象や天変地異への不安、企業の倒産やボーナスカットのニュースなど、年初に予想していたのとはまったく違う展開になっています。

今回は「時代が変わる」くらいに捉えておいたほうがよさそうです。

しかも変化は、まだ始まったばかりです。こういう変化が激しく、先が読めない時期というのは、根拠のない楽観論も根拠のない悲観論も効果的ではありません。

これからの激変の数年間は、出口も見つけにくいし、正解も見えにくいし、正解だったはずのものが一瞬で逆になるということが起こります。

だからこそ、一人ひとりが自分の頭で考え、自分の心の声に素直に耳を傾けることが大事です。さらに、情報を一方的に収集するだけでなく、取捨選択し、分析し、仮説を立て、行動していくことが必要になります。

不安から抜け出すには、「まず一歩踏み出すだけ」でいい

- 失敗はしてはいけない
- 一度でうまくいかないといけない
- 正しい答えを見つけないといけない
- 正解はたった1つしかない
- やるからには完璧でないといけない
- 成果が出るまで継続しないといけない
- しっかり調べて、事前に準備をしてからでないと挑戦してはいけない

こういった思い込みがある方は、足が止まっている場合が多いです。かつての私がそ

うだったのでよくわかります。

特に、「こうすればうまくいく」「こうすれば幸せになる」「こうしたら一生安泰」という正解がない状況では、どこを目指したらいいかわからなくなってしまいます。行くべき方向、目指すべき方向を見失うと、さらに不安になります。すると現状維持、とりあえず今までと同じ状況を死守したくなるのです。

結果的に、いつもと同じことの繰り返しで、1週間、1ヶ月、半年、1年が過ぎてしまいます。さらに、このような正解発想や完璧主義のままだと、行動する前に気負いすぎて疲れてしまいます。


もしあなたが、不安で先が見通せない状況だとしても、本気で変わりたい、次のステージに行きたい、自分の夢や目標を実現したいと思っているのであれば、予定調和の日常から一歩踏み出す必要があります。

不安への対処法の第一歩は、行動すること。安心してください。そうはいっても、**いきなり大逆転を狙わなくても大丈夫です。「まず一歩踏み出すだけ」でいい**のです。

「本当にやりたいこと」にたどり着く最短の方法

変わりたいのに変われずにもがいていたときの私は、意識はしていなかったものの「一発大逆転」を狙っていました。

浪人して補欠合格でなんとか大学に入ったものの、授業についていけず、就職活動にも失敗してしまいました。社会人になった後も、職を転々としていたので、これといったスキルも経験も身についておらず、人脈も広がりませんでした。

当時の私は焦っていました。どう考えても、同級生や同期に比べて、すべてにおいて出遅れていたし、劣っていると感じていたからです。だから、大きなことをしないといけない。何かすごいことを思いついて、すごいことをしないとみんなに追いつけないし、置いていかれてしまうと思い込んでいました。

皮肉なもので、**「大きなことをしないといけない」と一発逆転を狙えば狙うほど、思考も行動も硬直化**していきました。ちょっとしたアイデアを思いついても、「こんなことでは逆転できないからやっても無駄」とあきらめてしまったり、「いまさらこんな些細なことをしたくらいで、他の人に追いつけるわけがない」と、言い訳をして行動しませんでした。

実際は、そうした状態から抜け出すために、そんなに大きなことをする必要はなかったのです。

「今はやっていないけれど、自分にとって大事なこと」を仮に決めて行動してみる。仮決めした行動が、しっくりくればそれを毎日繰り返していけばいいし、しっくりこないのであれば、別の行動をまた仮決めして行動する――。

それだけで、不安から抜け出して、変わることができたのです。

変化の時代に、自分が本当にやりたいことにたどり着くには、正解や近道、抜け道、一発大逆転を狙わないほうがいいです。当たればいいのですが、当てが外れるとゴールにたどり着けないからです。それよりも、**自分がやりたい方向に近づく小さな行動を仮決めして、仮に動いてみる。動いたことで得た反応、反響といった情報をもとに軌道修正していくことが、実は最短の方法**なのです。

考えても正解がわからない。調べても正解にたどり着けない。そういう時代がきたのです。だからこそ、不安を希望に変えるには、動いてみることが重要です。動いて、様子を見て、軌道修正しながら正解に近づいていく。仮決め仮行動からの軌道修正がこれからの時代に必須のスキルです。

ただそう言われても、「今まさに不安に押しつぶされそうで、動きたいけれど動けない……」という方もいるかもしれません。そういう方のために、まず第1章では不安への対処法（不安でも行動できるようになるための方法）についてお伝えします。

不安への対処法1

不安はなくならないことを知る

今、不安に押しつぶされそうな方に最初に知っておいてほしいことは、「不安はゼロにはならない。不安はなくならない」ということです。

ですから、不安を一方的に敵視して完全になくそうとしないでください。それよりも、不安の正体や対処する方法を知って、実践するほうが効果的です。

ところで、不安の正体について、考えたことがありますか？

簡単に分類すると、不安は2種類しかありません。

「持ち越し苦労」と**「取り越し苦労」**です。

「持ち越し苦労」とは、過ぎてしまったことについて、悔やんだり不安になったりすることです。

- どうしてあんな失敗をしてしまったんだろう
- また同じ失敗を繰り返すかもしれない
- 行動したくても過去の苦い経験が邪魔して動けない

といった場合は持ち越し苦労が原因です。

要するに、意識が「過去」に向きすぎているから、過去の失敗に足もとをすくわれているのです。持ち越し苦労は、記憶力のいい方や真面目な方が持ちやすいものです。

もう1つの「取り越し苦労」とは、まだ起きていないことや未来のことを考えて、不安になったり心配したりすることです。

- こうなったらどうしよう
- このままではまずいのでは
- 失敗したらどうしよう

といった場合は取り越し苦労が原因です。

要するに、意識が「未来」に向きすぎているから、未来への不安からフリーズして動けなくなったり、暴走してしまうわけです。取り越し苦労は、未来を先読みする力がある方や考えるのが得意な方が持ちやすいものです。

どちらの不安にしても、**不安はもともと私たちが持っている脳の防衛本能の一種です。脳の仕組み、生命維持のための防衛本能**なのです。

人類は「常に最悪の事態を想定する」という取り越し苦労のおかげで外敵を警戒し、命を守り、子孫を繁栄させてきました。現代でも、「最悪の結果を想定したうえで、そうならないように対策を練る」という取り越し苦労のおかげで、不測の事態を回避できている面もあるのです。

さらに、**経営者やトップアスリートには、取り越し苦労派や持ち越し苦労派の方も多く、「不安＝悪」というわけではありません。**

そうはいっても、不安すぎる状態からは抜け出したいし、これ以上落ち込みたくないですよね。不安は脳の防衛本能だから、ゼロにするのは難しい。でも、不安もエネルギーなので、扱い方によっては、前に進む力に変えることができます。

「持ち越し苦労」と「取り越し苦労」、あなたの不安はどっちが多い？

不安への対処法2

今の時代特有の不安の正体を知る

ところで今の時代特有の不安について、考えたことがありますか?

今、誰もが共通して抱えている不安は、大きく分けると2つあります。

1つは、**「先が見えないのに自己責任で決めていかないといけない不安」**です。

社会の仕組みも価値観も働き方も変わってきているのは、誰もが感じているのではないでしょうか。そんな中、「いい成績をとって、いい学校を卒業して、いい会社に入れば安泰」という時代ではなくなってきました。これからの時代は、仕事も住む場所も自分で判断して、決めていく必要があります。「こうすれば安泰」という定石がない中で、自分で判断しなければならないことに対して不安になることもあるでしょう。

正解が見えない、もしくは目まぐるしく変化する中で、自己責任の範囲が広がっています。この先どうなるのかよくわからないのに、自分の決断と行動に責任をとらなければいけない……。そういう息苦しさを感じている方もいるでしょう。

もしかしたら、「誰かが指示命令したり、決めてくれたらラクなのに」と思っている方もいるかもしれません。昔は、上からの命令にさえ従っていれば、どうにか生活していくことができました。

でも、これからの時代は、上からの命令に従ったとして、その命令が間違っていたときには、誰も助けてくれませんし、自分の代わりに責任をとってくれることもありません。そういう意味でも、自己責任の範囲が広がっているのです。

そして、いま私たちが抱えている共通の不安の2つ目にして最大の不安は、**「生活していかないといけない不安」**です。

時代が変わり、社会が変わり、会社が変わり、働く意味が変わり、学歴社会が終わったとしても、私たちには日々の生活があります。生きていくには、家族がいれば家族を養っていくには稼いでいかないといけない。「この先自分はちゃんと生活費を稼いでいけるのか？」という不安とは、一生お付き合いしていくことになるわけです。

「不安だから、いざというときに備えてなるべくお金を貯めておきたい」という方もいるでしょう。かといって投資はリスクがありすぎる。そうなると、利子がほとんどつかなくても貯金して、なるべくお金を使わないようにという方向にいきます。結果的に、ささやかな日常生活すら萎縮してしまうのです。不安に対処するはずが、いつの間にか節約や貯蓄で終わってしまい、根本的な解決に行き着かないということもあります。

本来であれば、**生活していけるか不安になったときというのは、お金の稼ぎ方や使い方に限らず、生き方、働き方、時間の使い方、そして自分自身や人との付き合い方について考え直すのに最適なとき**です。

でも実際には、あまりに不安が大きすぎて、仕事、生活、人生といったすべてを萎縮させて、思考停止してしまっている人が多いのです。これでは本当にもったいない。

ぜひ、この本を通して不安との付き合い方を知り、実践してみてください。

不安への対処法3

不安は否定しないで認める

- 自分なりに不安を払拭しようと試行錯誤しているけれど、いつもの状態に戻れない
- あまりに心配で、これ以上不安を感じすぎないように感情や思考に蓋をしている

……そんな、今、不安に押しつぶされそうな方へ。

大丈夫です。その状態は永遠には続きません。

先行き不透明なときに、この先の生活や仕事、人生を考えると不安な思いばかりが出てきてしまい、落ち込んでしまうのは、先述したように脳の防衛本能ですから自然なことです。脳は非常時には、命を守るために希望や期待よりも不安を強く感じるようにで

きています。ですから、まず否定しないで受け入れてください。誰でも、一時的に不安になることはいたしかたない自然なことです。

むしろ、**「焦っている・不安・心配・怖い」といった危険信号が点滅しているのに無視しているとしたら、そのほうが危険**です。

ごまかさないでください。無理やり、ポジティブを装わないでください。どんなに不安になっても、どんなに絶望的な状況に追い込まれても、生きている限り、そこから抜け出すことはできます。冷静に考えることができれば、抜け出す方法はいくらでもあります。

ですからまずは、自分が感じている不安や焦り、恐怖、ショックなどを否定しないで受け入れてください。

「今は、不安なんだね」

「今は、不安に押しつぶされそうなんだね」

「今は、未来に希望なんて見出せないくらい一時的にショックを受けているんだね」

そうやって、受け止めてみてください。

不安を認めた後に、知っておいてほしいことは、**「不安の度合いはコントロールできる」**ということです。つまり**、「不安をなくそう」と努力するよりも、「不安の度合いをコントロールする」思考に切り替える**ことがポイントです。

そして、不安は、変わる時期にきているというサインでもあります。あなたが新しいことを始める時期にきているということであり、ある意味でチャンスが到来しているのです。不安、大変、しんどい、つらいというときこそが、実は大きく変わるチャンスなのです。

不安への対処法4

自分の「不安の度合い」を把握する

「不安の度合い」が強すぎると、思考停止、行動停止、感情停止してしまいます。これは脳の防衛本能ですから、反応自体を止めることは難しいです。ですが、「不安の度合い」自体は、ある程度コントロールすることができます。

不安の度合いは、大きく3つに分類することができます。

コンフォートゾーン、ラーニングゾーン、パニックゾーンの3つです。

コンフォートゾーンとは、安心安全、いつも通りなので、心地いい状態です。要するに、ほとんど不安を感じない状態のことです。

しかし、**コンフォートゾーンでは、成長できません。**挑戦しないので失敗することも恥をかくこともない代わりに、進歩、成長、発見、発展、気づきなどもほとんどないのです。

ある意味で、**ぬるま湯状態**です。このままでいいという人は、そのままでいい。ただそういう方は、この本を手に取っていないはず。この本を手にしたということは、変わりたい、抜け出したい、夢を実現したい、という何かしらの思いがあったからではないでしょうか。コンフォートゾーンから抜け出すためには、第2章の「仮決め仮行動」をすることで、行動量を増やしてみてください。

ラーニングゾーンとは、適度な不安状態のことをいいます。つまり不安と期待が適度に入り混じっている状態です。例えば、異動、転職、引っ越し、結婚、家族関係の変化など、今までとは違う新しい環境になると、コンフォートゾーンの外側にある「ラーニングゾーン」に移行します。実は、学び、成長、気づき、新しい出会い、ご縁の深まりといったことは「ラーニングゾーン」にいるときに得やすいのです。

「不安の度合い」の3つの分類

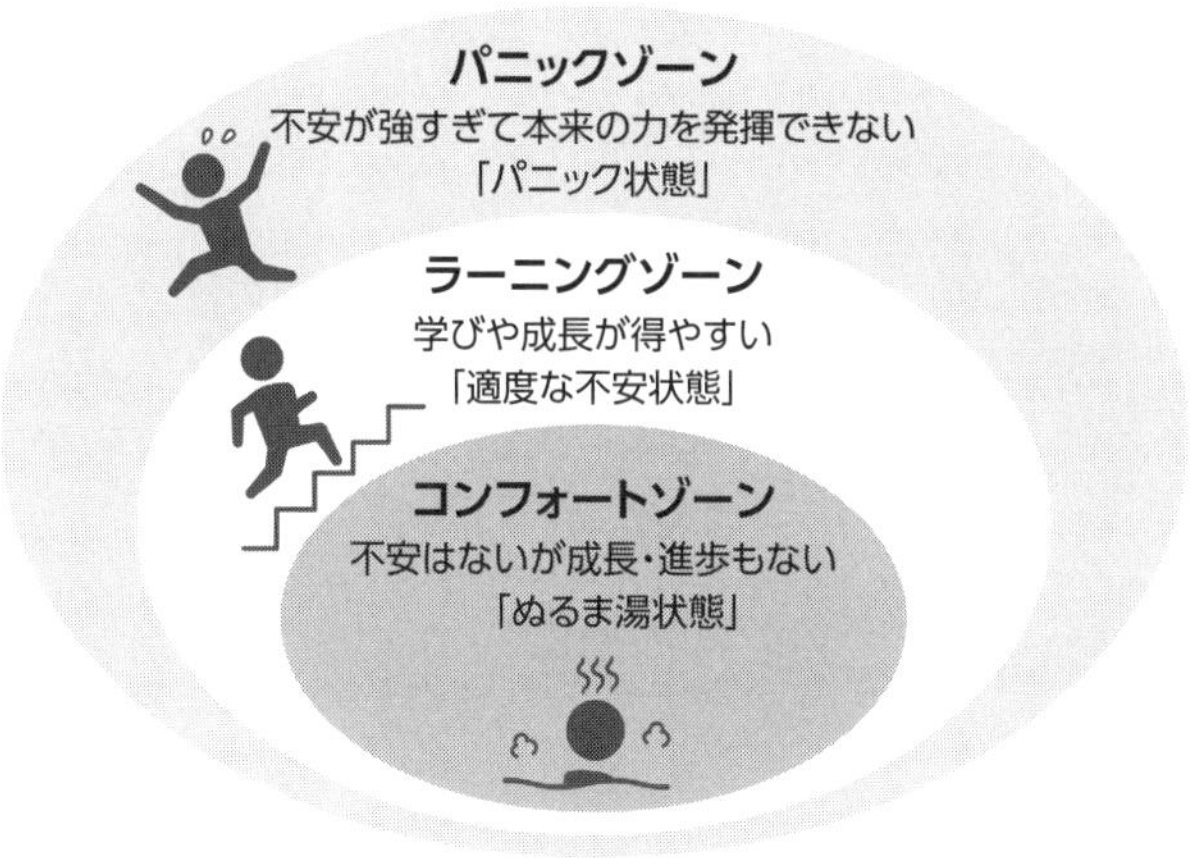

ラーニングゾーンにいる方は、第3章の「軌道修正」をすることで、行動の質を高めていってください。

パニックゾーンとは、不安が強すぎて、本来の力を発揮するのが難しい状態です。

過大な負荷をかけ続けると、ラーニングゾーンの外側にある「パニックゾーン」に移行します。自分にとって、難しすぎること・苦手すぎること・新しすぎることに立て続けに挑戦したり、対応せざるをえなくなったときに起こりがちです。あるいは、ありえない事態などに遭遇すると、人はパニック状態になります。

パニックゾーンに入ってしまうと、脳の防衛本能が働いて逃走するか闘争するか二者択一になってしまいます。つまり、思考停止、行動停止、感情停止してしまうのです。

パニックゾーンにいる方は、「不安への対処法5」でお伝えする「不安を紙に書き出す」ことで、まずはパニックゾーンから抜け出してください。

「コンフォート」「ラーニング」「パニック」、あなたは今どのゾーンにいる？

不安への対処法5
紙に書き出し、対策を冷静に考える

パニックゾーンに陥ってしまったときに知っておいてほしいこと。それは、「不安は、否定したり隠したりすると増幅する」ということです。不安への対処の仕方を間違えると、さらに不安が増幅したり、不安に飲み込まれてしまったりと、ちょっとやっかいなことが起こります。

ですが、不安は正面から向き合うと、希望や勇気、行動する力に変えることができます。

正面から向き合うなんて大変そう……、そう思った方も安心してください。

必要なのは紙1枚とペンだけ。しかも、やることは次の2つだけです。

□不安を紙に書き出す2ステップ

・ステップ1
紙の左半分に
「不安に感じていること」を
箇条書きですべて書き出す。

・ステップ2
書き出したものを眺めて深呼吸。
紙の右半分に
1つずつ対策や
今できることを書いていく。

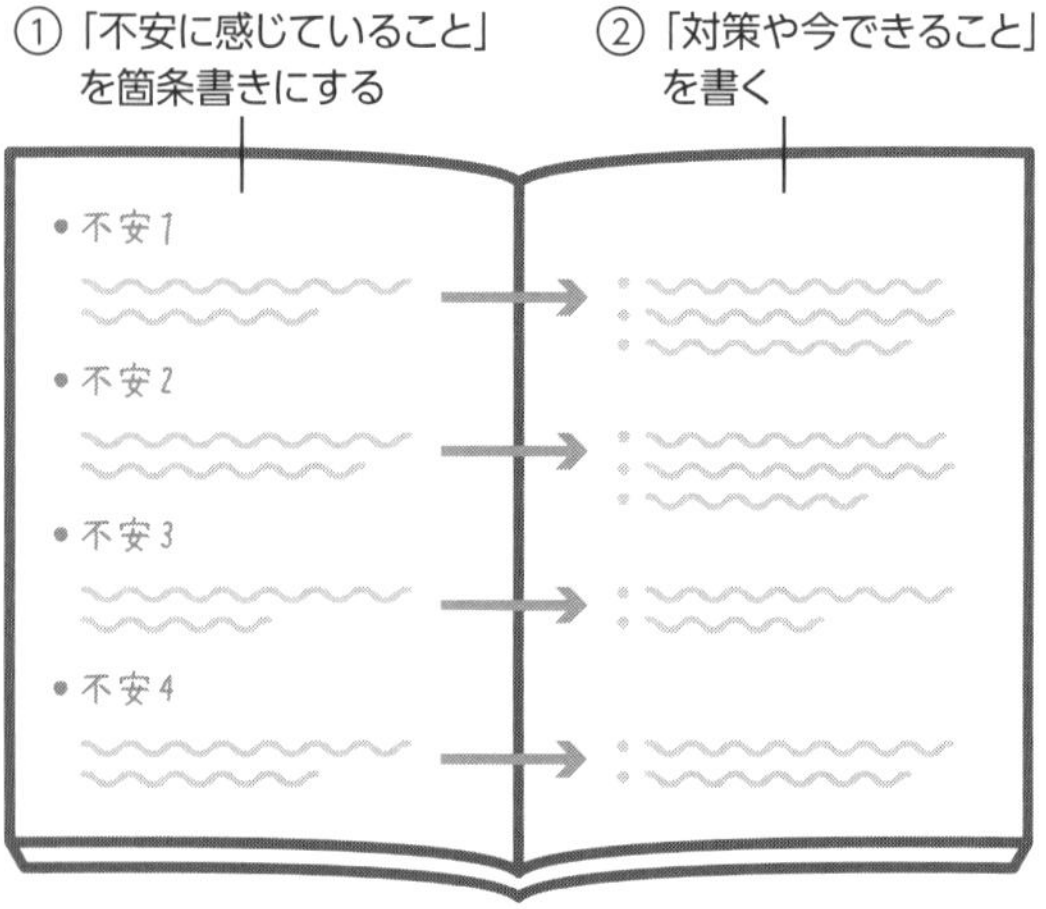

これだけです。不安解消のためには、いきなり動くことはおすすめしません。というのも、その場しのぎや、行き当たりばったりで動くと、ますます不安になってしまうことが多いからです。

ですから、不安を感じているときは、まずは不安を書き出して一呼吸おく。そして、対策を書き出してみることをおすすめします。冷静になって考えることができれば、どんな不安に対しても対策は無数に考えられます。

まずは、「いま抱えている不安をすべて書き出す」。そこから始めてみてください。

実際にやってみるときの参考として、私が主宰するオンラインサロンメンバーのKさんが実際に書いたメモをご紹介します（まず●で始まる「不安に感じていること」にざっと目を通して、その後で↓で始まる「対策＝今できること」を読んでみてください）。

●会社が潰れたらどうしよう

↓転職サイトに登録する

↓会社がなくなったとしても通用する技術を身につける
↓社外の人脈を築くために勉強会に参加する
↓専門知識を身につけるために任意の研修を受ける

●家族を養っていけるのか

↓貯金がいくらあるのか確認する
↓1ヶ月家族4人で生活するのに必要な金額を確認する
↓現在の貯金で何ヶ月生活できるか確認する
↓節約できることがないかパートナーと話し合う
↓いざというとき助けてもらえそうな人をリストアップする

●転職先を見つけることができるのか

↓転職サイトに登録する
↓転職した元先輩とランチのアポを取る

↓今の業界から別の業界に転職した人がいないか調べる
↓恩師に相談する

●子どもが不登校気味なのが気になる

↓不登校についてネットで情報収集する
↓担任や学年主任、校長に相談できないか検討する
↓子どもに合ったフリースクールを調べる
↓子どもをフリースクールに通わせている知人にアドバイスをもらう
↓転校、引っ越しの可能性を考える

●家のローンは払っていけるのか

↓万一払えなくなったときに使える制度を調べる
↓猶予の制度がないか調べる
↓もしいま売却したらどれくらいローンが残るのか調べる

↓借り換えを検討する

●頭痛がひどいが、悪い病気かも

↓健康診断を受ける

↓かかりつけ医に相談する

↓最近食べたもの、飲んだものを確認する

↓自宅や会社の環境に原因がないか確認する

●旅行の予約をキャンセルするか迷う

↓キャンセル可能期間を確認する

↓最終決断をいつまでにすればいいか確認する

↓最大のリスクは何か、最大のメリットは何か確認する

●同僚が咳をしているのが気になる
↓病院に行くことをすすめる
↓社内の換気をマメにする
↓早寝早起きして自分の免疫力を上げる
↓同僚の仕事で手伝えるものがあれば引き受ける

●自分の人生このままでいいのか
↓本当はどうしたいのか考える
↓このまま行った場合どうなるのかシミュレーションする
↓本を読む
↓信頼できる人に相談する

「不安に感じていること」だけを最初見たときは、Kさんでなくても「これは大変だな……」と少し不安な気持ちになったのではないでしょうか。

でも、「対策＝今できること」を読んでいくうちに、「どんな不安に対しても、打つ手はいろいろとあるんだな」と思ったはずです。

Kさんも、**「不安を書き出すことで客観視できて冷静になれたうえに、やるべきことが明確になり元気が湧いてきました」**とスッキリした表情で変化を教えてくれました。

こうしてパニックゾーンから抜け出せたら、不安というエネルギーを前に進むエネルギーとして活用してください。つまり、ラーニングゾーンで適度な不安を感じながら、日々行動していくのです。そして、そこで必要になってくるのが「仮決め仮行動」の習慣です。これについては第2章で詳しく説明します。

不安になるのは、未来の理想や目標がある証拠

先日、ウェブ上でニュースをチェックしていたら、東京マラソンの話題が目に入ってきました。

数年前、私は東京マラソンに運良く当選しました。高校時代に数キロ走っただけでフルマラソンは初めてだったので、「いきなりフルマラソンなんかにエントリーしちゃったけど、大丈夫かな？」と、当選後に急に不安になったことを思い出しました。

「不安」というと、ネガティブな印象を持つ方が多いです。また、不安だから「行動しない」「挑戦しない」「先延ばしする」など、不安を「行動しない言い訳」にしてしまう方もいます。ですが、**不安は決してネガティブなものではない**のです。不安の捉え方を

変えてから、私はより行動できるようになりました。

どんなときに、私たちは不安を感じるのか？

それは、未来の理想や目標があり、その実現に向けて具体的な行動をするプロセスにおいてです。つまり、**不安は「理想と現実」のギャップがあるからこそ感じる**のです。

そのギャップを埋めようと思ったときに、人は不安になります。

東京マラソンに初挑戦したとき、とにかくずっと不安でした。

- フルマラソンなど走ったことのない自分が、そもそもエントリーしてよかったのか？
- 装備やトレーニングの知識が十分にないのに大丈夫だろうか？
- マラソンの翌日の仕事に支障が生じたらどうしよう？

など、当日を迎えるまでいろいろと不安になりました。

当日も、5キロ過ぎたあたりから膝が痛くなりだしました。予想外だったのが、ビルや海からビュンビュンと吹く風に体温を奪われたこと。水分補給や栄養補給をどうするかは想定して準備していましたが、マラソン中に体温が下がることは想定していなかったので、防寒具などは持ち合わせていませんでした。

さらに、トイレはスタート前も走っている途中でも、どこも大行列。ずっと我慢するわけにもいかず、仕方なく並ぶのですが、なかなか順番がきません。

● 制限時間内にゴールできるのか？
● 完走まで膝は持つのか？
● こんな状態で明日のランチの予定は大丈夫かな？
● 風邪をひいて、明日の仕事に支障が生じたらどうしよう？

など、走っている最中も不安だらけでした。

「不安」を感じる人は「自責」。「不満」を感じる人は「他責」

そもそもなぜ、私は不安になったのでしょうか？
それは、東京マラソンに出場したからです。家でゴロゴロしていれば、不安になどならなかったはずです。

東京マラソンにエントリーしたときは、

- 都内の名所を走れたらどんなに爽快だろう
- 倍率が高いから、当選できたらラッキーだな
- もしゴールできたら、どれだけの達成感を味わえるだろう
- 沿道から応援してもらえたら嬉しいんだろうな

● 走りながら観光もしたいな

そんな期待を胸に抱いていました。

でも、実際に当選した後は、

● フルマラソンを走ったこともないのに、大丈夫かな？
● 天気が悪かったらどうしよう？
● 翌日以降の仕事や生活に支障があったらどうしよう？
● ほとんど練習していないけれど、これでいけるのかな？

と、期待でわくわくするよりも不安でそわそわしていることのほうが多かったのです。さらに、当日走ってみたら、楽しみもありましたが、現実的な不安と格闘している時間が圧倒的に多かったのです。

ただ、「不安」はありましたが、「不満」にはなりませんでした。

不安は生きている限り、前向きに挑戦している限り起こる感情です。不安は、未来の理想や目標を持っているときに起こるのです。だから、不安になってもいい。むしろ、理想の未来に向かって挑戦しているから不安にもなるのです。だから私は、**不安は、「挑戦しているサイン」**と捉えるようになりました。

逆に、**「不満」ばかり感じているときは、危険なサイン**かもしれません。なぜなら、不満は「自分以外の誰か」に何かを期待しすぎているときに感じるものだからです。

もし、今あなたが「不安」を感じているのなら、自分の理想と現実に向き合っているということ。そしてもし、今あなたが「不満」を感じているのなら、周りの環境や誰かのせいにしている可能性があるということです。

「不安」と「不満」、あなたは今どっち?

不安を希望に変える第一歩とは？

不安がなくなった状態というのはプラスマイナスゼロ。むやみに落ち込んだり、ヘコんだり、怖くなったりすることはない。ある意味では安全な状態です。

けれども、不安がなくなっただけで未来に希望を持てるわけではありません。

「時間さえあれば、できるのに」という人が、無限の時間を得ると、暇を持て余してしまう。

「お金さえあれば、うまくいくのに」という人が、無尽蔵のお金を得ると、途中までは楽しいけれど、いずれお金を持て余し、失う恐怖に負けてしまう。

「もう少し若かったら、できたのに」という人が、いま目の前にある時間を後悔のために浪費してしまう。

同じように、「不安さえなければ、うまくいくのに」と考えている人が、不安がなくなった途端に、脱力したり、動けなくなったりするのは、珍しいことではありません。

今、私たちに必要なのは、「希望」です。

- どうにかなる
- きっと良くなる
- きっといいことがある

そう思えているとき、人は案外簡単に行動できるのです。

今までであれば、社会や会社や誰かがその希望を与えてくれました。

しかしこれからは違います。状況や環境、もっといえば時代が好転するのを待っていると、ずっと「待ったまま」の状態になってしまいます。

では、誰かが、もしくは何かが希望を与えてくれることを期待できない現状では、どうしたらいいのでしょうか?

そういうときは、自ら希望を見出していけばいいのです。

そのための第一歩が、夢や目標について考えてみること。

- こうしたい
- こうなったらいいな
- こんなことしてみたいな

どんなに些細なことでもいいので夢をみる。それが不安を希望に変える第一歩です。

そして、夢や目標を思い描くことは、決して自分一人だけのためではありません。というのも、不安も伝染しますが希望も伝染するからです。たった一人でも希望を抱く人がいれば、それだけで自分の周りの人に勝手に希望が伝わっていくのです。そして、その伝わったわずかな希望が生きる勇気となる人もいるのです。

行きたい未来に向かって指をさす

不安に負けずに、前進し、成果を出していくには、不安を希望に変えていくことが必須です。

もちろん、希望に満ち溢れた人や夢に向かって真摯《しんし》に努力している人と一緒の時間を過ごすと、一時的には希望を見出すことができます。ですが、希望を自家発電できないと、そういった環境や人から離れた途端に希望がすぐ枯渇《こかつ》してしまいます。

だから、希望は、自分で見出していきましょう。あなた以外の他の誰かを頼りすぎたり、会社・世の中の情勢が良くなるのを待つという、受け身になるのをやめるのです。

そして、自主的・能動的に自らまず動くこと。行動することで、希望は湧いてきます。ただし、目的もなく動いても彷徨《さまよ》ってしまいます。ハムスターが、運動用ホイールをいくら頑張って早く回してもどこにもたどり着けないように、目指すべき方向がある程度明確になっていないと、せっかく動いても、不安に囲まれ続けることになります。

不安や不満だらけの現状から抜け出すには、行きたい未来に向かって指をさす。そして、一歩踏み出す。一歩踏み出せたら、さらに一歩踏み出す。そうしているうちに、違う景色が見えてくる。そのころには、自分の内側からなんとなく勇気や希望が湧いてくるようになるのです。

この夏、庭でスイカが採れました。人生初です。都会の片隅のこじんまりした庭で、スイカが収穫できるとは思ってもいなかったので、驚きました。意外にも甘くて、さらにびっくりしました。

実は、スイカの苗を植えたのは長男です。初夏に「庭に苗を植えよう」という話になったとき、私の頭に浮かんだのは、トマト、ナス、ピーマン、きゅうり、ゴーヤといった、例年と同じ野菜でした。

でも、長男は「すいかが食べたい！」と、すいかの苗を買ってきて、庭に植えたのです。当たり前ですが、野菜や果物は「植えないと、育たないし、収穫できない」のです。これって、野菜や果物に限りません。夢や目標も同じです。植えない限り育つ可能性も収穫する可能性もゼロ。**希望という種も、自分で蒔《ま》かない限り育っていきません。**

だから、あなたがちょっとでも「これいいな」「やってみたいな」「こうなったらいいな」と思っていることがあれば、書き出しておきましょう。

「頭の声」だけでなく「心の声」にも耳をすませよう

そうはいっても、「そもそも、行きたい未来がわからない。自分の本当にやりたいことがわからない。なんとなくはあるけれど、それでいいか確信が持てない」という方もいるでしょう。

確かに、不安になってしまうときというのは、ストレスも疲れも溜まっていることが多いです。こういうときというのは、どうしても、目線が下がりがち。自ら未来をデザインしていくというよりは、現状維持や防戦一方になってしまうのです。そして、どうしても「今という現状」の「延長線上」にしか、未来を描けなくなってしまうのです。

つまり、積み上げ思考でしか考えられなくなる。すると、1週間先、1ヶ月先、なんとか頑張って1年先くらいまでのことであれば考えられるけれど、それ以上先の未来のこととなると、思考停止してしまう。何も思い浮かばないのです。

そんなときは、**「意図して」大きく未来を描きましょう。**

「未来を大きく描く。そして、行きたい未来に指をさす」のです。

ぶっとんだ未来を描く方法の詳細は、拙著『先延ばしは1冊のノートでなくなる』（だいわ文庫）にゆずるとして、レストランで「チキンカツ定食、お願いします！」とオーダーするように、自分の理想をオーダーしてみてください。

- 私はこういうライフスタイルをおくりたい
- 本当はこういう仕事がしたい
- こんなふうに活躍したい
- 本当はこういう取り組み姿勢が一番しっくりくるんです

もちろん現実的には、人生は制約だらけです。一方で、まずイメージの世界で構想するときは、制約はありません。**あなたの人生をどう描くかは、本来あなた自身の自由設計です。誰からの許可もいりませんし、どんな資格も能力も必要ない**です。

ぜひ、肩の力を抜いて「頭の声」だけではなく、素直で純粋な「心の声」に耳を傾けてみてください。自由に未来を描いていきましょう。

ここまでは、不安になりすぎて動けなくなっている方のために、不安に対処する方法をお伝えしました。

不安に対処する方法がわかったら、次は行動量を増やしていきましょう。次の章では、不安を希望に変えていくために、行動「量」を増やす方法をお伝えします。

「仮決め仮行動」することで、これから先どんな不安に直面したとしても、思考停止せずに行動量を増やしていくことができるようになります。

第2章

行動の量を増やす「仮決め仮行動」

まず行動の「量」を増やし、その後で行動の「質」を上げる

第1章の「不安への対処法5」でお伝えしたように、不安というのは否定したり隠したりすると増幅してしまいます。だから今不安を抱えているとしたら、今すぐ不安に対処する必要があります。

ただそのとき、不安にフォーカスしすぎると、かえってうまくいきません。

あなたもこんな経験がありませんか。

あることについて不安になった。不安をどうにかしようと自分なりに一生懸命に考えているのに、「どうしよう」「どうしたらいいんだ」という言葉しか浮かんでこない。気持ちは落ち込むし、つらくてしんどくなってしまった。不安に対処するはずだったの

に、結果的には建設的に考えることもできず、行動することもできずに時間だけが過ぎてしまった……。

不安にフォーカスしすぎてパニック状態になると、思考が停止してしまいます。すると、脳の防衛本能が働いて「闘争」するか「逃走」するかの二者択一しかできなくなってしまうのです。大抵の場合は、逃走本能が働いて「あーやめておこう」「今回はまあいいや」と行動停止してしまいます。さらに悪化すると、感情も停止してしまい、喜怒哀楽すら感じられなくなります。

そして、自分を正当化する理由を最速で考え出します。

自分を「甘やかす」ささやきです。

「しょうがないよ、時間がないのだから」「自信もないし、今の自分には無理」「お金も不十分なのだから仕方ない」「今やらなくてもいい、明日やろう」「やっぱり、もっとちゃんと準備してからじゃないとできない」……。

これらの言葉を素直に聞きすぎると、結果的にすべてがめんどくさくなり、どうでもよくなっていきます。

この**出口のない不安スパイラルから抜け出し、夢や目標を実現していくには順番がポイント**になります。

2ステップです。**まずは、行動「量」を増やすこと。行動量を増やした後に、行動の「質」を上げていけばいい**のです。

本章では行動「量」を増やす方法をお伝えします。

そして第3章で、行動の「質」を高めていく方法をお伝えします。

なぜ「仮決め仮行動」が必要なのか？

不安は、無視やスルーをすると増大してしまいますが、行動することで減らすことができます。不安なときに思考停止するのは、「考える」のではなく「行動せよ」という脳の防衛本能がシグナルを送ってくれているのです。

抱えている不安に対処して闘うか、対処できないときは逃げるかどちらかを選んで行動すれば、不安は減らすことができます。つまり、**不安に対処するには、「不安だから行動しない」から「不安だからこそ、まず動いてみる」への転換が重要**なのです。

不安を希望に変えて夢や目標を実現していくためには、予定調和の日常から一歩踏み出すこと。まずは行動の「量」を増やすことが大切なのです。

では、**行動の「量」を増やすには、どうすればいいのでしょうか。**
そのためのキーワードが「仮」という言葉です。

当然ですが具体的に行動することで、はじめて結果が生まれます。そして、うまくいったとしてもいかなかったとしても、「結果」というフィードバックが出ることで、はじめて軌道修正ができるわけです。自分の思い通りの結果が出たのであれば、その行動量を増やせばいい。逆に、思うような結果が出なかったのであれば、行動の内容や質を変えて、また試せばいいわけです。

ここでもし、「不安だから、完璧な正解や解決策が見つかって安心できるまで行動しない」としたら、どうなるでしょうか？
「どうしよう」「困ったな」「なんだか不安だな」と思いながら、何ら行動しないと現実は変化しません。つまり、行動しないので結果が発生しません。思い通りうまくいくという結果が出ない代わりに、うまくいかなかったという結果も出ないので、短期的に失敗することはありません。

ですが、「何ら行動しない」状態のままでは、状況は好転しないし、現状打破も問題解決もできないし、夢や目標が実現することもありません。

不安で行動できない方というのは、行動する前の「決断」ができずに止まってしまっているのです。もちろん、適切な判断をするための材料が揃っていない場合もありますが、たとえ判断材料が揃ったとしても、なかなか決められないのです。いずれにしても、「決断」のところで止まってしまい行動まで行きつかないので、成果が出ることはありません。

本来なら、行動した後に「さらにうまくいくにはどうすればいいか？」と試行錯誤したほうが早くうまくいくのに、「やっぱりやめておいたほうがいいかな、でも何もしないのも良くないし、どうしようかな」と**迷っているだけで時間が過ぎてしまう**のです。

これって、もったいないと思いませんか？

こういう方は、「仮決め仮行動」から始めましょう。

具体的には、**「まず仮で決める」という思考習慣**をおすすめします。

たとえ十分な判断材料が揃っていなくても、判断するのに十分な状況になくても、とりあえず「仮」でいいので決断して行動する。ただし、あくまでも仮の決断なので、違和感が出てきたら軌道修正すればいいわけです。

もし一度決めたことが「最終決断」だとしたら、絶対間違えてはいけないし、必ず正しい判断をしないといけないので、決断のハードルが上がってしまいます。でも、あくまでもお試し行動をするための仮の決断であれば、ハードルが下がります。そして、

「仮」決めした後は、そこで満足せずに「仮」行動を即座にする。

仮決め仮行動の具体例が知りたい方は、第5章に具体例を掲載していますので、目を通してみてください。

仮にでも動けない人の思考の癖（正解待ち、条件待ち、完璧主義……）

そうはいっても、やはり不安になると足がすくんで行動に着手できない方もいます。ここでは、不安になると足が止まってしまう方に共通する思考の癖をご紹介します。

□正解待ち

「これ、という正解が見つかったらすぐ実行して、結果を出せる自信はある。けれど、今はどれが正しくて、どれが間違っているのかがはっきりわからない。早く誰か偉い人が、『これ！』という正解をはっきり指示してくれればいいのに。今は、白黒はっきりしないグレーゾーンのことが多いから、動きづらくて困惑している」

どんなことについても「こうしたらいい」「こうしたらダメ」と白黒がはっきりして

いれば、ラクですし、もっとスムーズに動けますよね。私もそう思います。

でも実際は、違います。たとえ今は絶対的に正解と思われていることでも、時代が変われば不正解ということは、いくらでもあります。すごい人がただ1つの正解を指示して、それに従っていれば一生安泰という時代は、もう過ぎ去ってしまったようです。

逆にいえば、誰もが自分で正解をつくっていくことが許される時代になりました。**正解は誰かがつくってくれるものではなく、自分で試行錯誤しながらつくっていくもの**です。

□完璧主義

「仮に決めるとしても、白黒はっきりしないあいまいな状態で行動するのは自分の主義に反する。しっかり調べて、ちゃんと準備してからとりかかりたい。やるからには、ちゃんと決めて、ちゃんと結果が出るまでやりたい」

確かにその通りです。しっかり調べて、しっかり準備して、ちゃんと決断して、結果が出るまで、最後までやりきれたら、最高です。でも、ハードルが高すぎませんか。完璧な基準で動けるならいいのですが、基準が高すぎて、逆に足を引っ張っていませんか。

未知のことに挑戦するときや激動の日々の中では、最初から完璧を目指すことはほぼ不可能です。**10割の出来を目指して何もしないよりは、5割の出来でいいので行動した**ほうが実際には物事は動いていきます。一度動き出せば、試行錯誤する中で軌道修正していくことができるからです。

□失敗したくない

「絶対に失敗しないという確証がないと動きたくない。もういい歳だし、今さら大きな失敗をしてしまったら挽回するのは大変。だから、今は攻めるよりも守りたい。誰でも歳を重ねたらそうなるのが自然だと思う」

失敗したくないという気持ちはよくわかります。失敗を挽回するのが大変なことも痛感しています。でも、もし「失敗しないこと」が仕事や人生の目的になっているとしたら、それはもったいないです。失敗しないことは、成功でも幸せでもないからです。むしろ変化の時代には行動しないこと、挑戦しないことが最大の失敗かもしれません。

そんなあなたには、心理学者のアルフレッド・アドラーの言葉を贈ります。

「仕事で失敗しませんでした。働かなかったからです。人間関係で失敗しませんでした。人の輪に入らなかったからです。彼の人生は完全で、そして最悪だった」

「人は失敗を通じてしか学ばない」

今は大きな問題はないかもしれませんが、数年後には支障があるかもしれません。だとしたら、手遅れになる前に今から動き出してみませんか。

□条件待ち

「時間もお金も自信もない。これらが揃えば自分だって動ける。でも、残念だけど今の自分にはないから無理」

世界三大言い訳をご存知ですか？「時間がない」「お金がない」「自信がない」の3つだそうです。条件というのは永遠に揃いません。お金があっても時間がない。時間もお金もあるけれど、自信がない。自信と時間はあるのにお金はない。といったように、3つを同時に完璧に満たすことは現実的ではありません。

だとしたら、今の自分で、現状で動いてみませんか。

アドラーは、「重要なことは人が何を持って生まれたかではなく、与えられたものをどう使いこなすかである」と言っています。今あるもので勝負してみませんか。


どれか当てはまるものはありましたか?

まずは自分の思考の癖に気がつくことで、不安を希望に変えるスタート地点に立つことができます。そのうえで、仮決め仮行動を試してみてください。

仮決め仮行動の心理学的効果
――自分で決めて行動すると自己肯定感が回復する

今、自己肯定感の下がっている方が多いと感じています。

というのも、時代の流れとして自分で決めなければいけないことが増えたのに、不安を感じると〝とりあえず〟行動を止めて様子見してしまうことが多いからです。

不安に対処する方法を知らない人は、不安になると自分で何も決められず、時間だけがただ過ぎていってしまいます。何ら行動しないので現状は変わりませんし、いつまでも同じことで悶々と悩み続けることになります。

結果的に、悩みすぎて動けなくなり、状況が悪化していくので、さらに不安になります。「どうしてもっと早く対処しなかったんだろう」「もっと早く決断していればよかったのに」「あのとき、こうしていれば」と後悔することになります。こうなると、さらに自己肯定感が下がってしまいます。

また、不安になって自分で決められないときに、指示や命令、義務感から行動した場合も、自己肯定感は上がりません。自分で決めていないので、たとえうまくいったとしてもあまり嬉しくないですし、自信が育ちません。人によっては、指示・命令・強制された人に成果を横取りされたように感じることもあるでしょう。

では、指示や命令、義務感から行動してうまくいかなかった場合はどうなるでしょうか。そういう場合には、「自分は指示に従っただけ」「義務だからしかたなくやっただけだから自分は悪くない」という考えになりがちです。うまくいかなかったときに、指示命令した人のせいにするので、失敗から学ぶことがないので成長しません。

結局、自分で決められない人は、行動できなかった場合でも嫌々行動した場合でも、自信が育ちません。**「自分なんてダメなんだ」という自己否定のダメダメスパイラル**から抜け出せなくなってしまうのです。

不安とうまく付き合えないと自分で決められないので、結果的に、一度自信をなくすと自信を回復するきっかけが少なくなり、自己肯定感が下がりっぱなしということになります。何ら行動せずにただ待っているだけになってしまうので、自信は育たず、自己肯定感も上がらないのです。


これに対して、どんなに小さいことでもいいので自分で決めてやってみると、自己肯定感が上がります。

自分で決められる人は、うまくいってもいかなくても、そこから学び、成長していくことができます。思うような結果が出た場合には、不安や悩みを抱えながらも決断して行動した結果出た成果なので、自信が育ちます。

思うような結果が出なかった場合でも、経験から学ぶことができます。さらに、「次はこうしてみよう」「こうしたらよかったのでは」と、次に進むアイデアが出てくるので、さらに行動することができます。

結果的に、成長するので自己肯定感も上がるのです。

結局、**「自分で決める」と自信が育つのです。思うような成果が出ても出なくても、「自分で決めているかどうか」で、自己肯定感が上がるか下がるかが決まる**のです。

自己肯定感が高い方に共通していることがあります。

それは、「仮決め仮行動」しているということ。

といっても、そんなにすごいことをしているわけではありません。

例えば、片づけ、家庭菜園、勉強、料理、YouTube、Zoom、noteなど、気になっていたけれどなかなか着手できなかったことについて、「ちょっとだけ試しにやってみる」感覚で着手しているだけです。

ちょっとだけ試しに着手したつもりが、楽しくなってついつい行動してしまっているのです。自分で決めたことをコツコツ継続できると、なんともいえない気分の良さ、爽快感があり、さらに行動したくなります。

それを繰り返していると、一度行動に着手すると、ついつい動いてしまうという良いスパイラルに入ることができます。自己肯定感も上がるし、結果的に成果も出てしまうのです。

どんなときでも、どんな状況でも、仮決め仮行動していくことで、いい波を自分でつくっていくことができます。不安を感じて、悩んで固まって、自信を失っている方こそ、仮決め仮行動していきましょう。

仮決めのコツ1

1週間単位で決めていく

仮決めのコツは、文字通り「仮に決める」こと。そして、その仮の決断に基づいて行動することです。

そうはいっても、今まで最終決断の経験しかない方は、「仮」に決める方法や感覚、コツがわからないかもしれません。

仮決めは、次の2ステップで行えば、誰でも容易にできるようになります。

□ステップ1：「今から1週間限定」で決めることから始める

まずは、「今から1週間限定」で決めることからスタートしてください。

例えば、転職するかどうか迷っている方であれば、「転職する」「今の会社で頑張る」

のどちらか一方に1週間限定で仮決めするのです。どうしても迷ってしまうときは、1週目は「転職する」と仮決めして過ごしてみます。そして2週目は「今の会社で頑張る」と仮決めして過ごしてみます。

ここで「転職する」と仮決めしたら、求人情報を調べる、転職エージェントに登録する、転職した人に会いにいく、どういう業界・会社に転職したいか考えるといったことをすればいいわけです。また、「今の会社で頑張る」と仮決めした場合は、現職でのキャリアプランを考えてみる、今後について上司と話し合う、専門分野の勉強をするといったことをするわけです。

もし、資格取得のための勉強をするかどうか迷っている方であれば、「勉強する」「勉強しない」の2択のうちどちらかに仮決めして、1週間過ごしてみます。また、筋トレするかどうか迷っているのであれば、「筋トレする」「筋トレしない」の2択から選んで仮決めするわけです。

□ステップ2：仮決めで1週間過ごしたら、「もう一度1週間限定」で決めることを繰り返す

あくまでも、「仮」の決断ですから1週間したら決め直すことを忘れないでください。具体的には、仮決めした内容を「続行」するか「変更」するか決めるわけです。

この決断も、「どっちにしたらいいか決められない」という方もいるでしょう。ここでも「仮」に「今から1週間限定」で決めればいいわけです。

例えば、「転職する」と仮決めして1週間を過ごしてみて、しっくりきた場合には「転職する」と再度1週間仮決めして動いてみます。「転職する」と仮決めして1週間を過ごしてみて、しっくりこなかった場合には「今の会社で頑張る」と1週間仮決めして動いてみます。

さらに1週間過ごしてみて、「転職する」も「今の職場で頑張る」のどちらの選択肢もしっくりこなかった場合は、別の選択肢を考えて、1週間限定で仮決めして過ごしてみるのです。別の選択肢とは、例えば「今の仕事をあと半年間限定で頑張る」「異動の希望を出す」「今の仕事をしながら趣味に没頭する時間を確保する」「今の会社を1年以

内に辞められるようにアルバイトを始めて300万円貯金する」「副業を見つける」など、どんなことでもかまいません。

仮決めのステップ2のポイントは、**仮決めの内容をカスタマイズ**していくこと。最初の仮決めは、「する」「しない」の二択でかまいません。試してみて、どちらかしっくりくるものがあれば、その選択を1週間ごとに仮決めし続ければいいわけです。ですが、両方試してみてしっくりこなかった場合には、仮決めの内容を吟味する必要があります。こういうときに、漫然と同じ仮決めをしていても前に進めません。第3、第4、第5の選択肢を考えて、仮決めしてください。

仮にでも決めて行動してみることで、何らかのフィードバックを得られます。その情報や経験をもとに、仮決めの内容を工夫すればいいのです。この仮決めの内容を少しずつカスタマイズしていくことで、自分にしっくりくる選択肢を見つけて、自分にふさわしい決断ができるようになるのです。

仮決めのコツ2

「○○する」という肯定形で

仮決めするときは、「○○する」という肯定形で仮決めしてください。

例えば、転職活動をしてみる、悩みを相談してみる、引越しを検討する、早起きする、英語の勉強をする、筋トレする、昼休憩時に15分読書する、週に1回自炊する、部屋の片づけをする……といった具合です。

否定形よりも肯定形の仮決めが望ましい理由は、「○○しない」という否定の仮決めだけだと、ひたすら我慢することになるので、最初の行動のハードルが高くなりがちだからです。さらに、なんとか我慢できたとしても、「しない」という否定形の仮行動の効果は実感するまでに時間がかかるので、続けることが難しいのです。

では、「禁酒、禁煙、ゲームをやめる、ダラダラスマホをやめる、間食をやめる」といった「しないこと」を仮決めしたい場合はどうしたらいいのでしょうか?

この場合は、**「それをしない代わりに何をするのか?」を仮決め**してください。

例えば、禁酒したいのであれば「お酒の代わりに、ウーロン茶や炭酸水を飲む」、禁煙したいのであれば「タバコを吸いたくなったらコーヒーを飲む、深呼吸する、ガムを噛む」、転職をあきらめるのであれば「転職しない代わりに、今の職場で頑張る、現在の仕事に役立つ資格を取る、専門書を読む」など、肯定形で仮決めすればいいわけです。


このように「〇〇する」と仮決めしても、いざ仮行動となると迷ってしまう方がいます。「やっぱりあっちの選択肢のほうがよかったかも」「これでうまくいかなかったら、どうしよう」「もっと他にいい方法があったかも」といった具合です。こういう方は、「仮決め」の決断ができていないのです。

決断とは、文字通り「決めて断つ」ことです。つまり1つに決めて、それ以外を断つということ。「これをする」と決めると同時に「何をしないか」を決めているのです。

「1つに絞って、それ以外を断つ」と考えると、覚悟が必要だからと難しく考えてしまう方がいます。「ちゃんと決めよう！」と力んでしまう方は、完璧主義の罠に陥っています。ちゃんと決めようとしなくていいのです。「仮決め」でいいのです。

ただし、「こっちにする」と仮にゴールを決めたら、実際に行動に着手してください。具体的には、**時間を確保して、スケジュールに落とし込む**のです。

先ほどの転職の例でいえば、「転職する」と仮決めしたら、

- 「○月○日○時」業界の求人状況についてリサーチする
- 「○月○日○時」転職エージェントとの個別面談に行く
- 「○月○日」転職した先輩に連絡してみる

といったように行動することに日時をつけて、スケジュールに書き込んでいきます。

仮決めができず、何も行動せずに止まっているよりも、たとえ「仮決め」でも、どんどん行動していったほうが、現状の課題に早くぶつかることができて、軌道修正できるので理想の状態にいち早く近づくことができます。

仮行動のコツ1

「10秒アクション」から始めてみる

仮決め後に実際に「仮行動」することが重要だとわかっていても、なかなか行動に着手できないときもあります。

例えば、「本を1章読む」「週に3回30分のジョギングをする」「毎日英語の問題集を10問解く」「毎日15分筋トレする」「週末は自炊する」などと仮決めしたとします。これで動ければいいのですが、いざ着手しようとするときに、「めんどくさい」「まあいいか、明日にしよう」と流されてしまうことがあります。

ではどうすれば、確実に「仮行動」できるのでしょうか。

最初の一歩のハードルを、極限まで下げればいいのです。

例えば、「30分ジョギングをする」だと、「せっかく走るのだからちゃんと走りたい」という意識が芽生えます。そして、30分走るということをちゃんと実行するには条件がある程度そろっていないとできないと頭で考え始めるわけです。

その結果、「寝不足の状態で無理したら仕事に差し障りが生じるかもしれない」「体調が良くないし、今日は雨だからやめておこう」「ジョギングウェアを洗い忘れたから今日は無理」「ジョギングするよりも溜まった家事をしないといけない」「寒いから風邪をひいてしまうかも」などと行動しない言い訳を考え出し、「よし！　今日はやらない！明日にしよう！」となってしまうというわけです。

そこで、**「10秒アクション」**の登場です。

10秒アクションとは、文字通り「10秒あればできる具体的行動」のことです。

30分ジョギングであれば、「最初の10秒はどんなことをするのか？」を考えてみるのです。例えば、「ジョギングウェアに着替える」「ジョギングシューズを履く」「アキレス腱のストレッチをする」「外に出て深呼吸する」といったことです。

これらの10秒アクションであれば、雨が降っていようが眠かろうが、未完了事項を抱えていようが、どんな状況にあっても10秒もあれば必ず実行できます。

10秒アクションは、仮行動に着手する際の心理的ハードルも物理的ハードルも両方とも下げてくれます。「疲れているけど……10秒ならいいか、靴を履くくらいならいいか」となるのです。

この10秒アクションは、私が独立当初から提唱し続けているとてもシンプルなメソッドで、毎日10秒、何か「自分の望む姿に近づくためのアクションをとる」というものです。

実は、いま読んでくださっているこの本も10秒アクションのおかげで完成させることができました。「毎日1時間ちゃんと執筆しよう」と考えていたら、おそらく完成までにさらに1年くらいかかっていたでしょう。集中して執筆できる静かな場所を確保してから、美味しいコーヒーを用意してから、睡眠をたっぷりとって頭がスッキリした状態にして、未完了事項を抱えていない状態でなどと諸条件を揃えようとしていると、1時間ぐらいは軽く過ぎてしまいます。本書を執筆中は、私自身も呪文のように「まず10秒アクション」と唱えていました。

参考までに、私がこの本を執筆するために決めた10秒アクションは5つあります。

- ワードを開き、なんでもいいので一言書き始める
- 本の全体構想を書いたメモを眺める
- 本の目次を眺める
- 前回書いた文章を音読する
- 本執筆のためのカフェに行くために、パソコンをバッグにしまう

これらの「10秒アクション」のおかげで、体調がすぐれなかったとき、寝不足のとき、前日の疲れが抜けずにダラダラしたいとき、思うように文章が書けずにスランプ状態に陥ったとき、未完了の仕事が溜まりすぎてパニック状態のときも、なんとかコンスタントに執筆し続けることができました。

10秒アクションが効果的なのは、脳の仕組みに沿っているからです。

第一に、人間の脳は生命維持のため、できるだけ変化を避け、現状維持しようとする「防衛本能」が働いています。今までの習慣を一気に変えて新しいことを始めようとすると、最初の数日は気合いや根性でなんとかできても、長続きせず三日坊主やリバウンドしやすいのです。つまり、一気に完璧に物事をやり遂げようとすることは、脳の仕組上難しいわけです。

第二に、その反面、脳は可塑性《かそせい》という性質があり、ほんの少しずつであれば変化を受け入れることができます。つまり、10秒という小さな行動であれば変化を嫌う脳でも対応できるのです。だから、「まず10秒アクション」に着手することは、脳の仕組みに適っているわけです。

第三に、まず動くことで、脳の側坐核《そくざかく》という部位が刺激されてドーパミンというホルモンが出るといわれています。つまり、**たとえ10秒でもやる気を待たずにまず動くことで、「やる気スイッチ」がオンになるので、「仮行動」をしやすくなる**のです。

仮行動に着手するには、10秒アクションが効果的なことは理解していただけたでしょうか。そうだとしても、「たった10秒」ではたいしたことができないとバカにされている方もいるかもしれません。

10秒は、あなたが思っているよりもたくさんのことができる時間です。

また忘れてはならないのは、この**10秒アクションは、あなたが決めた仮行動に着手するための着火剤の働きをしてくれる**ということです。

10秒試してみてスムーズにいくのであれば、10秒といわずそのまま続けてください。

10秒アクションがきっかけとなってその後、勉強、読書、ジョギング、筋トレ、散歩、片づけ、仕事などが15分続いた、30分続いたというのは、よくあることですし、それを狙っています。もし、10秒アクションがうまく機能しなかったら、たった10秒ですから、すぐに別の方法を試すことができます。

せっかく仮決めしたのであれば、その仮決めを仮行動につなげていくために、ぜひ「10秒アクション」から始めてみてください。

仮行動のコツ2

インプットから始めてアウトプットへ

行動は、大きく分類すると2つあります。インプットとアウトプットです。インプットとしては「読む、聞く、調べる、学ぶ、覚える、教えてもらう、観察する、体験する」、アウトプットとしては「話す（説明する、教える、プレゼンする）、書く（メモ、まとめ、資料作成、発信）、行動する（質問する、相談する、アドバイスを実行する、問題を解く、仕事や生活に活用する）」などがあります。

行動から遠ざかっている人は、まずはインプットから始めてください。能動的行動が必要になるアウトプットに比べれば、インプットのほうが行動に着手する際のハードルが低いからです。一方で、すでに**行動できているのに思うような成果が出ていないとき**

は、インプットからアウトプットにギアチェンジしてください。

例えば勉強でいえば、「テキストや本を読む、授業や講座を受ける、暗記する、調べる」のはインプットです。これから「勉強を始めよう」という方は、まずはこれらのインプットから始めるといいでしょう。

一方で、すでに学んでいるけれど仕事の現場で活用できていない、または試験で思うように点数が伸びないといった場合は、アウトプットすることに重点をおいてください。例えば、「学んだことをまとめる」「練習問題や過去問を解く」「解いた問題を採点する」「実際の仕事の現場で活用してみる」といったことをすればいいわけです。

このように、仮行動する際にはインプットとアウトプットの違いを意識することで、よりスムーズに仮行動できるようになります。思うような成果・結果を出していくには、インプットもアウトプットも両方必要です。

まずは、インプットから始めてみて、ある程度仮行動できるようになってきたら、アウトプットにギアチェンジしてください。人はラクなほうに流れやすいので、せっかく仮行動しても、**うっかりするとインプット過多になりがち**です。ですから、仮行動がある程度軌道にのったら、意識してアウトプットの仮行動を増やしていきましょう。

ちなみに、第4章で紹介するウィークリーノートは、アウトプットです。したがって、どんなときでも週に1回ウィークリーノートを書くだけでも、アウトプットしたことになります。ですから、インプットの仮行動から始める方も、週に1回はアウトプットする習慣が身につきます。

不安を行動力に変えていくには、「不安でも行動すること」が大事です。そのために、この第2章では行動「量」を増やすための仮決め仮行動についてお伝えしました。不安を抱えながらも行動できるようになったら、大きな前進です。

ですが、行動したことが成果につながっていかないと、さらに不安になってしまうこともあるでしょう。行動を成果につなげていくためには、行動の「質」を上げる必要があります。そのための軌道修正の方法については、次の第3章でお伝えします。

第3章

行動の質を上げる「軌道修正」

「仮決め仮行動」と「軌道修正」は1セット

不安に負けずに、仮決め仮行動ができるようになると、自分で決めて行動できるようになるので、徐々に自信も回復し、自己肯定感が上がっていきます。

でも、これだけだと「やりっぱなし」で終わってしまいます。

「行動できているだけ」で満足しないでください。

仮決め仮行動と、振り返り＝軌道修正は1セットです。

振り返って軌道修正をする時間を定期的に確保することで、行動の「質」が上がり、成果をさらに出しやすくなります。

何度も成功する人と、一発屋で終わってしまう人の違い

ところで、「振り返り」をしたことはありますか？

最後に、振り返りをしたのはいつですか？

実は、**振り返り上手になると、飛躍的に成果を出すことができる**ようになります。

一度うまくいったとしても振り返らない人は、一過性の成功で終わってしまうことが多いのです。いわゆる、一発屋です。

一発屋は、たとえ1回だけだとしても、ずば抜けた成果を出せている点では素晴らしい。ですが、実は一度成果を出すことよりも、継続的に成果を出し続けることのほうが、はるかに難しいですし、重要です。人生はすごろくではないので、「成功したら終

わり」ではなく、うまくいってもいかなくても続いていくからです。

成功に持続性・再現性がある人と、一発屋で終わってしまう人の違いはどこにあるのでしょうか。それは、効果的な振り返りをしているかどうかです。

実は、うまくいったときというのは必ず要因があります。再現できる要因もあれば、その場限りでしか通用しない要因もあります。振り返りをすることで、うまくいった要因を見つけ、再現性のある要因を仕組化することができれば、成功は持続しやすくなります。だから私はうまくいっているときほど、定期的な振り返りを推奨しています。

すでに大活躍されている経営者、リーダーがどうして継続的なコーチングサポートを受けるのか。うまくいっているのだから、コーチなど不要なのではと思う方もいるかもしれません。しかし実際に、大成功しているリーダーから定期的にコーチングの依頼を受けることがあるのは、成功を持続させ、発展させていくには振り返りが不可欠なのを彼らは知っているからです。

未来志向で効果的な「振り返り方」をマスターしよう

では、うまくいかなかったときはどうでしょうか？

多くの方は、うまくいかなかったときに、振り返りをしません。

そのかわりに、**後悔、ダメ出し、自己否定、自己卑下、人のせい、言い訳、責任転嫁**します。**これでは、せっかく行動して得た経験をリソースとして活用することができない**ので、前に進めません。

自分のダメなところ、うまくいかなかったことだけにフォーカスしてしまうと、「やっぱり自分はダメなんだ」「こんなにうまくいかないなら最初からやらなければよかった」「たいしてうまくいかなかったから、やるだけ無駄だった」といったネガティブな方向で思考し、自信を失ってしまう人さえいます。

「何がダメだったのか」「どこが間違っていたのか」だけを考えても前に進む力は湧いてきません。

アドラーは、「過去は解説にはなっても未来をつくることにはならない」と言っています。

「どうしてうまくいかなかったか？」を考えるよりも、「どうしたらうまくいくか？」を考えたほうが、前に進む力が湧いてきます。ほんのちょっとの違いに思えるかもしれませんが、違いは大きいです。

うまくいかなかった犯人探しをする「原因論的アプローチ」だけでなく、これからどうしていきたいか未来志向で考える「目的論的アプローチ」を活用するのです。

そのためには、意図してポジティブな面から振り返ることがポイントです。

この振り返りを、毎週定期的にスムーズに実践できるのが、第４章で紹介するウィークリノートです。具体的には、ステップ1とステップ3で振り返りをすることができます。

今まで適切な振り返りをしてこなかった方、反省という名のダメ出ししかしてこなかった方、やけ酒を飲んで終わりだった方、一喜一憂して終わりだった方は、まずは正しい振り返り方を知り、マスターしましょう。それだけで、軌道修正もスムーズにできるようになりますし、うまくいったことの再現性も格段に上がります。

軌道修正の効果的な3つの方法

目標や計画を立てて実行した後、軌道修正をしていますか？

仕事であれば、達成度を確認して目標再設定、計画練り直しということをしている方もいるでしょう。

では、仕事以外の人生、趣味などプライベートで、軌道修正をしていますか？　そもそも仕事以外では目標を立てたことがないという方もいるでしょう。目標や計画は立てても、立てっぱなしで、できてもできなくてもそのままという方もいるでしょう。

現状、**仕事以外で軌道修正をしている方はとても少ない**です。仮決め仮行動して、振り返りをしたら、軌道修正を忘れないでください。

なぜ軌道修正が必要なのでしょうか。

それは、行動の精度を上げ、行動の質を高めるためです。そうすることで、よりスムーズかつ短時間で、行きたいゴールにたどり着くことができます。

もちろん、一度で成功できるのが理想です。ごく簡単なことや、過去に経験のあることであれば、一度の挑戦でうまくいくことはあります。ですが、難しいことや未知のことに挑戦して一度でうまくいくことは少ないはずです。

さらに、状況が刻々と変化している現状では、「一度でうまくいく」という前提で動いても、なかなかスムーズにいかないことが多いもの。以前は通用したノウハウが通用しないこともあれば、前提条件が変わってしまって以前のノウハウを使えないこともあるからです。だとしたら、**完璧なノウハウや回答を得るのに時間と労力を費やすより、一度仮に決めて行動してみた後、軌道修正していったほうが効率的**です。

軌道修正の大切さをよく口にしているので、

「どうやって軌道修正するのか？」

「試行錯誤するにも、やり方がわからない」

「軌道修正の仕方を教えてほしい」

といった悩みやリクエストをいただくことが増えました。


軌道修正のやり方は無数にありますが、ここでは誰でも実行しやすく、なおかつ効果的な3つの方法をお伝えします。

（方法1）３つの視点でチェックする

- 「うまくいっていること」は増やす
- 「うまくいっていないこと」は減らすかやめる
- 「新しいこと」を始めるか、「やり方」を変える

例えば、運動不足解消のため「毎日15分筋トレをする」と仮決め仮行動したとします。1週間試してみて、月曜の朝と、金曜の夜と日曜の午後だけできたとします。

この場合、月曜の朝は筋トレをする余裕があるので、「月曜の朝は20分筋トレする」と軌道修正してもいいわけです。

これは「うまくいっていること」を増やしているわけです。

そして、月曜以外のウィークデーにほとんど筋トレできなかった理由が、早起きができなかったからだとしたら、「火曜日から金曜日までは帰宅後に筋トレする」と軌道修正してもいいわけです。

これは、月曜以外のウィークデーの朝に筋トレしないことになるので「うまくいっていないこと」をやめたことになります。さらに、会社の帰宅後にやると決めたことは、時間を工夫したという意味では、「やり方」を変えたことになります。

このように、ちょっとした軌道修正をする場合には、増やしたり、減らしたり、やり方を変えるといった微調整をすることで、行動の質が上がります。

（方法2）「時間、場所、人」のどれか1つを変える

軌道修正では、「時間、場所、人」のどれか1つを変えてみる。その際、どれが機能してどれが機能しないか判別できないので**一度に全部を変えない**ことがポイントです。

例えば、転職するか迷っている方の場合で説明しましょう。

「時間」を変える例としては、半年や1年と時期を区切って、今の職場で頑張っていたら、仕事にも職場にも慣れて仕事が楽しくなってくることがあります。これは「時間」をずらしたことで解決する例になります。また、転職先が見つからずにがっかりしていた人が、今の職場で経験と人脈を構築したことで数年後に転職に成功したとしたら、「時間」をずらしたことで解決したことになります。

「場所」を変える例としては、職種が向いていないこともあれば、職種は合っているけれども今の職場が合わないこともあります。これは、前者であれば職種という「場所」を変えてみればいいし、後者であれば職場という「場所」を変えてみればいいでしょう。

「人」を変える例としては、上司や部下、同僚などの人間関係が原因の場合は、転職し

なくても自分や同じ部署のメンバーの異動で解決することがあります。これは、「人」が変わったことで解決する例になります。

このように、大きな軌道修正をする場合には、軌道修正事項を「時間、場所、人」に分類して、1つずつ検討していくことで行動の質を上げ、得たい成果を手に入れることができます。

(方法3)「できないこと」をできるようにするのも大事だが、「できるはず」なのにできていなかったところをまずは埋める

成果がうまく出ていないときというのは、大きく分けて2つあります。今すぐには成果が出なくて当然の場合と、実力はあるのに成果が出ていない場合です。

今すぐに成果が出なくて当然の場合とは、そもそも実力・経験が不足しているとき

や、適切な行動はしているものの成果が出るまで時間が必要なときです。

自転車でたとえると、自転車の乗り方を人から聞いただけでは、すぐに乗れるようにはなりません。「自転車の乗り方を知っているけれども練習をしたことがない人」は、実力も経験も不足していますから、今すぐ自転車に乗れるようになるという成果が出なくても当然といえるでしょう。

また、「補助輪なしで自転車に乗れるように数回練習したけれども、まだ乗れないという人」は、適切な行動はしているけれども成果が出るまでにもう少し時間がかかるので、今すぐ自転車に乗れなくても当然といえるでしょう。

この段階の軌道修正としては、自転車に乗るノウハウだけ知っている人であれば、さらにノウハウを収集するのはやめて、実際に自転車に乗ってみるという練習の時間を増やせばいいわけです（方法1の「うまくいっていないこと」は減らす。方法1の「新しいこと」を始める）。

また、それなりに練習をしているけれどもうまく乗れるようになっていない場合であれば、練習内容を変えてみたらいいわけです（方法1の「やり方」を変える）。

これに対して、実力があるのに成果が出ていないという場合があります。その場合は、軌道修正をするだけで、できるようになることもあります。

先ほどの自転車の例でいえば、自転車にうまく乗れない原因がタイヤのパンクだとしたら、修理すればすぐ乗れるようになります（方法3の「できないこと」をできるようにするのも大事だが、「できるはず」なのにできていなかったところをまずは埋める）。

特に、実力に見合った成果が出ていない場合には、軌道修正することで即成果が出ることがよくあります。軌道修正の効用に気がついた人の中には、あまりに効果的なのでやめられないという方もいます。

仕事では軌道修正をしているのに、なぜか、自分の夢や目標についてはやらない方が多いのは、本当にもったいないです。

もしかしたら、目の前のことに対応するのに精一杯、日々生きるのに手一杯だから、

「軌道修正などしている余裕がない」という方もいるのかもしれません。ですが**軌道修正は、ラクして成果を出すための技術**です。少しの労力で効果を出せますから、余裕のないときほどぜひ活用してください。

「後で軌道修正する」と決めているからこそ、安心して仮決め仮行動できるわけです。たとえ一度で成果を出せなくても、行動後の軌道修正さえうまくいけば、成果を出せるようになります。行動したら、ぜひもう一歩踏み込んでください。

軌道修正の周期としておすすめなのは「1週間」

振り返りからの軌道修正は、どれくらいの頻度で実践すればいいか気になっている方もいると思います。「1週間ごと」というのが、意外にも効果があるのでおすすめです。

私が週1軌道修正をおすすめする理由は5つあります。

第一に、週に1回であれば、なんとか時間を確保でき、実際に行動できるからです。「毎日」となると、つい忘れてしまったり忙しすぎて時間が確保できないこともあるでしょう。「毎月」となると、間隔があきすぎて忘れてしまうこともあるでしょう。これが週に1回だと、どんなに忙しい時期でもなんとか時間を確保できます。仮に実行できなかったとしても、翌週にすればいいわけですからリカバリーがしやすいのです。

第二に、**年に50回リセットするチャンスを得られる**からです。

もし仮に、今週うまくいかなかったとしても、週単位で考えることで週末にリセットして、翌週から新たに挑戦することができます。毎週軌道修正するとすれば、1年で50回も挑戦したり、リセットする機会があるので試行錯誤しやすいのです。時間や気持ちに余裕があるときは、ちょっとハードルを上げてチャレンジをする週にしてみたり、逆にスケジュールが詰まっているときは徹底的に守る週にしてもいいわけです。

第三に、軌道修正しやすいからです。

うまくいってもいかなくても、週ごとに振り返りをして目標を立てることで、軌道修正がしやすいです。実際に1週間単位で行動してみると、納得感やインスピレーション、成果を得られることもあるでしょう。

逆に、違和感を覚えたり、うまくいかないこともあるでしょう。さらに、相手からのリアクションやフィードバック、アドバイスなどから、様々な情報を得ることもできます。そこから軌道修正していけばいいのです。

「ちゃんと思考」が強すぎる完璧主義の傾向がある方は、ちゃんと計画して用意周到にシミュレーションしてから着手しようと考えているうちに時間だけが過ぎてしまいがちです。最悪の場合、チャンスを逃すことすらあるでしょう。

この点、1週間単位で考えて、小さく行動することで、軌道修正や試行錯誤がしやすいのです。これからの激動の時代は、「仮決め仮行動」でフットワーク軽く挑戦姿勢を持つ人がチャンスをつかみ、次世代リーダーとなっていくでしょう。

第四に、**1週間の「入り」を意識することで、その1週間の充実度や達成度が上がる**からです。

1週間ごとに振り返りをして軌道修正することで、1週間ごとのテーマが決まってきます。すると、より納得感や安心感をもって1週間を過ごすことができます。

「攻めの1週間」なのか、「守りの1週間」なのか、または「体を休める1週間」という人もいれば、「学びの1週間」「挑戦する1週間」「成果を出す1週間」「アウトプットの1週間」という人もいることでしょう。いずれにせよ、1週間のテーマを決めることで、時間配分やペース配分をすることができるようにもなります。

第五に、1週間単位で積み上げていくことで、自ら未来をデザインし、カタチにしていけるからです。最高の1週間を積み上げていくその先には、最高の1ヶ月、2ヶ月、半年、1年、そして最高の未来が待っています。

「ちゃんと思考」「完璧主義」「正解発想」「指示待ち」「しっくり待ち」をしていると、いつまでたっても行動に着手できません。変化の時代は、スピードが命。初動が肝心です。まず仮決めして小さく動く、まず着手するのです。1週間単位で考えていくことで、スムーズに着手できるようになります。

1週間で仮に思い通りいかなくても、次の1週間で立て直せばいいのです。

もし1週間で成功体験が積めれば、そのエッセンスを次の1週間に活かしていくこともできます。

「週1作戦会議」の意外な効用

現在、毎週月曜日の朝6時30分から30分間、「週1朝作戦会議」と称して、年間プログラムやオンラインサロンのメンバーと共にオンラインミーティングをしています。参加している方は、1週間単位で作戦会議をすることの効用を実感されています。いただいた感想の一部を紹介します。

- 1週間ごとに作戦を立てるようになってから、憂鬱だった月曜日が楽しみになってきた。気分良く1週間をスタートできるようになったことが何より嬉しい
- 調子が悪いときでも1週間ごとに区切れるので、切り替えがうまくなってきた
- 以前は一度不安になるとグルグルして行動できなかったけれど、1週間単位で考える

ようになってから、不安になっても立ち止まらずに行動できるようになってきた

- 1週間のプランニングを始めてから、余裕をもって1日を過ごせるようになった
- 思い通りにいかない日があっても、1週間単位で考えることで落ち込みにくくなった
- 自分なりに頑張ってきたつもりだったけれど、今まで「自分と向き合う」ことができていなかったことに気がついた。週に1回でも振り返って軌道修正する時間を得たことで、「できていることもある」と自分を承認できるようになった
- 迷ったときに、以前より挑戦できるようになった。たとえうまくいかなくても、1週間で仕切り直しができると考えられるようになったのが大きい
- 1週間単位で考えることで、疲れているときに無理せず休むことができるようになったので、体調管理がラクになった
- 週の初めに宣言したことを着実に実行できるようになった
- 明らかに1週間の充実度、達成度が上がった
- 以前は「やりっぱなし」で空回りすることが多かったけれど、1週間ごとに軌道修正するようになって、成果が出ることが増えた

実は、私自身もこの朝ミーティングを実施するようになってから、月曜日の質が上がりました。正直なところ、週末が忙しかったときなどは、月曜の朝30分の時間を確保するのは、しんどいな、つらいなと思ったこともあります。「明日は朝から会議か……。本当はゆっくり寝ていたいな」といった具合です。

そんな週でも、**月曜の朝30分の作戦会議を終えると、私自身スイッチが入り、気分も良くなっている**のです。結果的に、月曜日は仕事がはかどり、1日の質が上がるということを自ら体感しています。

そして、第4章でご紹介する「誰でも5分あれば実践できるウィークリーノート」は、毎週月曜の朝会でメンバーと一緒に書いている方法と同じです。

第4章

「ウィークリーノート」で行動力を高める

――その書き方&活かし方

今日から「仮決め仮行動ノート」を始めよう

ここまで、不安だとしても仮決め仮行動することで、まずは行動量を増やす。そして、行動したら「やりっぱなし」にしないで、振り返りと軌道修正をすることで行動の質を上げ、成果につなげていくということをお伝えしてきました。

「仮決め仮行動、振り返り、軌道修正の効用はよくわかった。けれども、忙しく慌ただしい日常の中で、どうやってそれを実践していったらいいのか」

と疑問に思われた方もいることでしょう。そこでこの章では、**週に1回書くだけで、誰でも仮決め仮行動できる簡単な方法「ウィークリーノート」**をご紹介します。

早速ですが、「ウィークリーノート」の実践法をお伝えしましょう。

事前準備は2つだけ。

まずはノートを1冊用意してください。

ノートのサイズは、自由に大きく描きたい方はA4またはB5サイズ。持ち運びたい方はA5またはB6サイズをおすすめします。ノートが手元にない方は、A4またはB5サイズの白紙でも、手帳のノート部分でもOKです。

次にすることは、ノートの1ページに線を縦横に1本ずつ引くだけです。要するに、田んぼの田の字、4つのブロックに区切ってください。


準備ができたらいよいよ書いていきます。具体的な手順は次の4ステップです。

①左上の欄に【現状1】を書きます。
先週1週間を振り返り、「よかったこと・嬉しかったこと・感謝したいこと」を3つ書き出します。

②右上の欄に【仮決め】を書きます。

今週1週間の「勝手にマイベスト3」を書き出します。

先週のよかったことを味わいながら、「もし、今週が最高の1週間になるとしたら、どんないい出来事があるか？」という観点から考えるのがポイントです。

③左下の欄に【現状2】を書きます。

現時点での「悩み・課題・不安」を書き出します。不安や焦りを感じている場合は、その内容を簡潔に箇条書きしてみてください。

不安を希望に変えていくには、振り返りの際の順番がポイントです。振り返りは、ポジティブな面からすること。ただし、ネガティブな面を無視していいわけではありません。ポジティブな面を振り返り、ポジティブな目標を仮決めした後に、悩みや課題にも向き合います。

ウィークリーノートの書き方

ステップ①【現状1】

先週1週間を振り返り、
「よかったこと・
嬉しかったこと・
感謝したいこと」
を３つ書く

ステップ②【仮決め】

今週1週間の
「勝手にマイベスト3」
を書く

ステップ③【現状2】

現時点での
「悩み・課題・不安」
を書く

ステップ④【仮行動】

「先週のよかったこと」をバージョンアップするためのアクション、
「勝手にマイベスト3」を実現するためのアクション、
「悩み・課題・不安」を解決するためのアクションをそれぞれ書く

「10秒アクション」も
設定する

仮行動が完了したら
赤ペンなどで線を引く

ここは、人に見せたり、評価、批判されたりするものでもないので、自分の本音ベースでOKです。

④右下の欄に【仮行動】を書きます。

仮行動は、①で書いた「先週のよかったこと」をさらにバージョンアップするために必要なアクション、②で書いた今週の「勝手にマイベスト3」を実現するために必要なアクション、③で書いた「悩み・課題・不安」を解決するために必要なアクションを各項目につき、最低1つずつ書き出します。

※その後、随時、仮行動が完了したら赤ペンなどで線を引いて消していく

以上、全4ステップになります。では1つずつ詳しく説明していきます。

ステップ1 左上の欄に、先週1週間を振り返り、「よかったこと・嬉しかったこと・感謝したいこと」を3つ書く

1週間の振り返り事項は、仕事に限定せず、プライベートのことでもなんでもOKです。

ここでのポイントは、**「意図してポジティブな視点」から振り返る**ことです。

「1週間の振り返りをしてください」というと、「あれもできなかった」「もっとこうしておけばよかった」「時間はあったはずなのに、たいしたことができないまま1週間が過ぎてしまった」「どうして自分はいつもこうなんだろう」などと、ダメ出し、反省、後悔、懺悔を始める方がいますが、ここでは「肯定的」な振り返りを意識してください。

確かに、「うまくいったこと、嬉しかったこと」よりも「うまくいかなかったこと、

失敗したこと、嫌だったこと」のほうが強く記憶されています。だから、単純に過去を振り返るとネガティブなことを思い出しやすいのです。これは同じ失敗を繰り返さないようにし、命が危ない場面を避けるための脳の防衛本能の一側面ともいえます。

もちろんいま現在、悩みや課題、心配事、不平不満、ストレス、プレッシャーもあるでしょう。でも「まずは、ポジティブな振り返りからぜひ」と私がしつこく主張しているのには、根拠があります。

心理学の言葉でいうと**「気分一致効果」**です。人は気分がよければ物事の良い面が見えやすく、逆に気分が悪ければ物事の良くない面が見えやすくなるという法則です。

ですから、これから心機一転頑張ろうとしても、「全然頑張れない」「不安しかない」「うまくいかなかった先週を引きずってしまう」「ダメダメスパイラルから抜け出せない」という方は、まずは「気分を良くすること」が大事です。「〝何を〟するか」も大事ですが、それ以上に「〝どんな状態で〟するか」も重要なのです。

例えば、私が今あえてポジティブにこの1週間の振り返りをするとすれば、こうして再び本を書けていること。そして、それを読んでくださる方がいることが本当にありがたいです。インターネット環境があることで自宅にいながら、セッション、講座、研修などが開催できることが本当にありがたいです。そういえば、今年も都会の片隅の小さな庭でみかんの収穫ができました。

こうやって、どんなに些細なことでもいいのでポジティブな振り返りをすることで、前に進むエネルギーと自信を得ることができます。ポジティブな振り返りをするのにはたいして時間もかかりませんし、費用もいっさいかかりません。ぜひ、気楽にやってみてください。

ネガティブな方向だけに意識が向いていると、誰でも前を向くことは難しいです。そういうネガティブな状態では「ああしんどいな。また1週間が始まってしまった」となりがちです。「新しい1週間の可能性」について考えることのハードルが上がってしまいがちです。

うのです。
逆にいえば、感謝、希望、夢や目標、ありがたいなと思えること、今できていることなどに意識を向けることができれば、自然と満たされ、いい状態でいられる時間も長くなります。そうすると、たとえ先週がうまくいっていなかったとしても、思い通りの1週間を送れていなかったとしても、新たな1週間については、希望を持って考えることができるのです。

そして、意図して肯定的に振り返ったときに、ほんの少しでも自分ができていることがわかると、「次はこうしてみよう」「これなら自分にもできるかも」など、次に進むアイデアやエネルギーが湧いてきます。この**肯定的思考習慣をつけるためのシンプルメソッド**が1週間を振り返って、まず「よかったこと・嬉しかったこと・感謝したいこと」を3つ書いてみることなのです。

「いいことなんて何もなかった」と思いがちな人へのアドバイス

ここで書き出す「よかったこと・嬉しかったこと・感謝したいこと」は、事の大小は問いませんし、他の人から見てすごいことである必要はまったくありません。あなたの主観でいいなと思ったことを1週間単位で振り返り、見つけ出してほしいのです。どんな小さなこと、些細なことでもいいので、あえて意図して、プラスのことを思い出すことから始めてみてください。

実は、「1週間」という枠で振り返ることにもポイントがあります。たとえ今日はよかったと思えることがなかったとしても、1週間単位で振り返ると、小さなよかったことであれば、見つけやすいのです。

もしかしたら、最初のうちは、「先週のポジティブなことなど、何も思い浮かばなかった」という方がいるかもしれません。それでも**何回か続けているうちに、「思い出し筋」がついてくると振り返り上手になっていきます。**

本当につらいときや調子が悪いときは、1週間単位でも「いいことなんて何もなかった」と思い込みがちなので、ポジティブな振り返りがなかなかできないかもしれません。そういうとき、私がサポートしているクライアントさんの中には、

- 温かいお茶を飲んだら、少しだけホッとできた
- 何気なくみた街中のポスターから元気をもらった
- 道端に咲いている花が綺麗だった

といった「ちょっとしたこと」を思い出すようにしている方もいれば、

- 激務の1週間をなんとか乗りきることができた

● どんなときでも朝がくることがありがたかった
● 健康のありがたみを痛感した

といった当たり前のことに感謝するようにしている方もいます。

参考までに実践されている方の振り返り例を一部紹介します。

● 先延ばししていた仕事を1つ終えることができた
● 週末にしっかり休んでリフレッシュできた
● 1週間で、3回は早起きできた
● 体調が回復した
● なんとか無事に1週間を終えられた
● 家族との夕食の会話が盛り上がった
● クレーム対応がスムーズにできた

- お客さんが喜んでくれた
- ペットが元気になった
- 掃除ができた

- 欲しかったスマホをゲット
- プチ旅行に出かけられた
- オンラインでセミナーを初開催できた
- 就職活動中の娘が自分を頼りにして、相談してくれた
- ストレスが減ってアルコールの量が減った

- 財布を買い替えられた
- 筋トレが続けられた
- 仕事の後に読書する余裕ができた
- 子どもの成長を実感できた

- 5年先のキャリアまで考えることができた
- 社長と今後の会社のことについて少し話せた
- 庭の植木を剪定できた
- 毎日スクワットができた
- 本から学んだことを実践できた
- 甥っ子が誕生した

このような肯定的な振り返りを毎週実践するようになると、思考習慣の変革が始まります。

プラス思考とマイナス思考、人には傾向性がありますが、同じ事柄に遭遇しても、肯定的に捉えたほうが行動につながります。つまり、肯定的に思考する習慣を持つ人のほうが行動力が高いことが多いのです。

否定的思考をすると、人のせい、環境のせい、才能のせいなど今の自分では変えられないことを原因にしてしまいがちです。そうすると努力の余地がないように思えて、行動から遠ざかってしまうのです。

誰にでも、いいところもあればダメダメなところもあります。どんなときでも、うまくいっていることもあれば思い通りにいかないこともあります。

本当に変わりたいときは「意図して」ください。意図して「できているところ」「ポジティブなところ」から見ていくのです。

その第一歩として一番簡単にできるのは先週1週間を振り返り、「よかったこと・嬉しかったこと・感謝したいこと」を3つ書き出すことです。

たった30秒あればできますから、試しに今やってみてください。

ステップ2 右上の欄に、今週の「マイベスト3」を書く

ステップ1で肯定的な振り返りをして気分が上がっている状態のまま、今週1週間の「勝手にマイベスト3」を書き出します。

先週のよかったことを味わいながら、**「もし、今週が最高の1週間になるとしたら、どんないい出来事があるか?」**という観点から考えるのがポイントです。

今週の「マイベスト3」が、ただの予定だとしたら、もったいないです。1週間の目標を立てるとなると、どうしても小さく描きがちです。ですから、週の目標を立てるときは、最大限背伸びするくらいがちょうどいいです。

ただし、どんなに頑張っても1週間で実現不可能なこと、あまりに実現可能性が低い

ことだと、その気になれないですし、行動スイッチも入らないので避けたほうがいいでしょう。

逆に、ほぼ80％以上の確率でできることも避けたほうがいいです。ほぼ80％以上の確率でできることは、目標ではなく、予定です。このノートは、予定を書いて片っ端から1つずつやっつけるためのＴｏＤｏリストではありません。不安を希望に変えて一歩踏み出すためのノートです。

せっかくなら、ちょっと背伸びして、ワクワクし心躍るようなことを3つ書いてみてください。余裕があれば、今週それらを達成したとすると、その先どんな素晴らしい展開が待っているかをイメージしてみてください。そうすることで、さらに行動スイッチがオンになります。

このステップ2を書くことで、やりがいや行動する意味を感じ取ることができます。

例えば、今は調子が悪く、頭はモヤモヤして体もだるく、気持ちが落ち込んでいるとします。もし今週が最高の1週間だとしたら、1週間後には、頭はスッキリ、体は軽くて、心はワクワクしているでしょう。「頭がスッキリ、心身共に爽快な状態で週末を迎えている」といったように理想の状態を書き出します。

さらに、最高の1週間を過ごせたとすると、来週以降、どんな素晴らしい展開がまっているかもイメージしてみます。体調がいい状態で、A案件やB案件に取り組めたら「お客さんに喜んでもらえるかもしれない」「上司から感謝されるかもしれない」。部屋の片づけと掃除をする余裕ができて実際に部屋がきれいになったとしたら、家族が喜んでくれるかもしれないし、なによりも自分自身が自宅でくつろげてリフレッシュできるから、さらに体調が良くなってしまうかも――といった具合です。

これを**「メンタルリハーサル」**といいます。メンタルリハーサルとは、イメージの中で理想の展開、そして理想の結末を先取りして味わうことです。このシミュレーションをしておくことで、次のアクションプランを考えるときにまだ気づいていなかった必要な準備などにも気づけるようになり、実行確率が高まります。

参考までに、ウィークリーノートを実践されている方の「勝手にマイベスト3」の実例の一部を紹介します。

- ヨガを毎日続けて、心身ともにスッキリ！
- 久々に実家に帰省して親孝行
- ブログの記事を書けた
- 仕事のプロジェクトが好発進！
- 同窓会を楽しむ！
- 家族への感謝を込めて食事会を実施
- 部屋の片づけ&衣替えが完了してスッキリ！
- 本を1冊読みきって達成感を味わっている
- 講座が満員御礼

● 週の売り上げ目標達成！
● 子どもとの時間を楽しめた
● 朝の通勤時に英語のシャドーイングを続けて英語力アップ
● 温泉でリフレッシュ！
● 会議に出す資料作成完了
● 連休をうまく使って自分の将来についてじっくり考える
● 家族と映画を観にいって楽しむ
● 早寝早起きができた
● 自分の描きたい絵を1作品仕上げる
● 捨て猫を保護できた

- 中国語の勉強を毎日できた
- 会食を楽しむ
- 部下との面談でコーチングを活用できた
- 子どもたちの定期試験対策のサポートをする
- 長期休暇の旅行先の予約を先行して確保する

このように、肯定的な振り返りをした直後に次の1週間の理想の状態をイメージして書き出すことで、誰でもスムーズに前向きな状態で次の1週間という未来を想像することができます。自然と魅力的でワクワクするような1週間を思い描けるので、実行可能性も高くなります。

ステップ3 左下の欄に、今の「悩み・課題・不安」を書く

ここでは現時点での悩みや課題を書き出します。不安や焦りを感じている場合は、その内容を簡潔に箇条書きしてみてください。

不安を希望に変えていくには、振り返りの際の順番がポイント。振り返りは、「意図してポジティブな面からする」でした。ネガティブな面の振り返りは、その後にすればいいわけです。つまり、ポジティブな面の振り返りをして前向きな目標を仮決めした後に、悩みや課題にも向き合います。

1週間過ごしてみると、よかったこともあれば、課題も出てくるでしょう。やりきったこともあれば、やり残したこともあるでしょう。**よかったことを箇条書きにした**

「後」に「課題」に目を向けていくことで、必要以上に自分を責めることなく、冷静に客観的に課題に向き合うことができます。

また、ポジティブな面とネガティブな面の両方を見た後に、「本当はどうしたい？」と自分に問いかけることで、次の1週間の指針が浮かび上がってくることもあります。

ここは、他の人に公開するものではなく、ネガティブなことを考えてはいけないということもありません。今、リアルに感じている不安や課題を書いてください。

参考までに、ウィークリーノートを実践されている方の「悩み・不安・課題」の実例の一部を紹介します。

- 勤務時間が長すぎる
- 通勤時間を有効活用できていない
- 趣味の時間がとれていない

- 未完了事項が多すぎて、いつも慌ただしい
- やるべきことが多すぎて実践しきれない
- 運動不足で体力が落ちてきた
- 筋トレが続かない
- 仕事で力を出しきれていない
- 仕事のプレッシャーが強すぎてしんどい
- 仕事のモチベーションを保てるか心配
- 大事なことを先延ばしにしている
- 体調がイマイチの状態が続いている
- 休肝日を守れていないし、お酒の量が増えている
- 疲れすぎて、帰宅後に自分の時間を取る余裕がない
- 片づけと掃除を習慣化したい

● もう少し体重を減らしたい
● 学びっぱなしでアウトプットできていない
● 家族と一緒に過ごす時間が後回しになっている
● 家族の健康が心配
● 今の仕事が本当にやりたいことなのだろうか
● 今の会社が倒産したらどうしよう
● 単身赴任で家族と一緒にいれないのがつらい
● 家族以外の人と会話する機会がない
● 子どもが登校拒否気味
● 離れてくらしている親の介護が心配

誰でも不安になることはあります。不安になるきっかけは様々です。

体調がすぐれない、予期せぬトラブルが続いた、このままでいいのかという漠然とした不安があるといった自分自身がきっかけになって不安になることがあります。

また、天変地異、景気の悪化、業界の先行きが不透明、予期せぬ異動、引っ越し、転職、家族の体調不良といった自分以外の環境がきっかけになって不安になることもあります。

また、「こうしたい」「こうなりたい」という理想の状態が明確であるがゆえに、理想や期待と現実のギャップにがっかりして落ち込み、不安になることもあるでしょう。

いずれにしても、不安を感じたらスルーしないでください。

週に1回でいいので、「自分がどんなことに不安を感じているのか」を明確にしてください。そして、書き出してください。

不安と自分が一体になりすぎると、どうしても視野が狭まり、思考も硬直化しがちです。そうなると解決策も見つけにくいですし、対策を立てることも難しくなります。

不安について文字化することで、客観視することができるようになります。

これを**「メタ認知力」**といいます。このメタ認知力を鍛えると、視野が自然と広くなります。頭の中だけで「どうしよう」「どうしたらいいんだ」とぐるぐる考えていてもメタ認知力は鍛えられません。

自分の思考や感情を、一度紙に書き出す。そのうえで、他の人が書いたメモを見るような気持ちで眺めてみる。たったこれだけで自分と対話したり客観的に分析したりできるようになります。そのためにも、左下の欄に「悩み・課題・不安」を書き出してみてください。

ステップ4 右下の欄に、今週の「仮行動」を書く

仮行動は、目安として最低3つは書いてください。

1つ目は、**ステップ1で書いた「先週のよかったこと」をさらにバージョンアップするために必要なアクション**です。

2つ目は、**ステップ2で書いた今週の「勝手にマイベスト3」を実現するために必要なアクション**です。

3つ目は、**ステップ3で書いた「悩み・課題・不安」を解決するためのアクション**です。

つまり、ステップ1から3の各項目につき、最低でも1つずつ、合計3つの仮行動を書き出します。

仮行動が3つに収まらなくてもOKです。特に、ステップ2で書いた今週の「勝手に

マイベスト3」のすべてを実現したい場合、それぞれの実現に必要な仮行動を書き出したくなる方もいるでしょう。**仮行動を3つ以上書くことは大歓迎**です。

ここまでの3ステップで「現在地」（ステップ1及びステップ3）と「目的地」（ステップ2）が明確になりました。カーナビと同じで、現在地と目的地の2つのポイントが明確になることで、はじめてルート選択ができるようになります。

行動できないのは、「現在地」と「目的地」のどちらか、もしくは両方が不明確で、どう動けばいいのかわからないからであることがほとんどです。逆にこの2つが明確であればあるほど、そのギャップを埋めるためのアクションプランも立てやすくなります。

参考までに、すでに実践されている方の「仮行動」の実例の一部をご紹介します。

- 読みたい本の第1章を読む
- 仕事関連の本を1冊流し読みする
- 新しいプロジェクトの目標を紙に書く

- 仕事の悩みを相談してみる
- 週の半分でいいので日記を書く
- 家族と一緒に映画を観る
- 朝一番の時間を大切にする
- 散歩する
- 気づいたら10秒笑顔
- 最低1日1回は上司とコミュニケーションを取る
- ToDoリストを更新する
- 転職先についてリサーチする
- 毎日1分でいいからストレッチ
- 勉強会に参加する
- 家庭菜園を始める

仮行動を着実に実行するための3つのポイント

これらの「仮行動」の実行可能性を高めるためには、3つのポイントがあります。

1つ目は、**書き出した仮行動ごとに「10秒アクション」を設定しておく**ことです。第2章でご紹介した「仮行動のコツ1（「10秒アクション」から始めてみる）」を参考にしてみてください。

仮行動を実際にするとしたら、「最初の動作レベル」で自分はどんな行動をするか？をイメージしてみます。そして、その最初に行う部分を「文字化」するのです。

「10秒アクション」を文字化することで、自分が行動に着手している具体的なイメージを描くことができます。イメージが鮮明であればあるほど、行動に着手しやすくなります。逆に、一見すると具体的なアクションプランであっても、字面だけで捉えている場合には自分が実行することをイメージできないので、着手できずに先延ばししてしまうことがあります。

「仮行動」の実行可能性を高める2つ目のポイントは、**やる気スイッチを活用する**ことです。

第2章の「仮行動のコツ1」でも少し触れたように、脳にはやる気スイッチがあるといわれています。側坐核という部位を刺激することで、やる気スイッチが作動します。このやる気スイッチは自動ではオンになりません。外部からの刺激を受けてはじめてスイッチがオンになるといわれています。

つまり、やる気は天から降ってはこないのです。やる気待ちせずに、まず自分から小さく動くことでやる気スイッチが作動するのです。

次男が以前、家で宿題をしているときに、不思議そうにこう言っていました。

「お父さん、不思議だね。勉強するのはイヤだな〜って思っていたけれど、1問解き始めたら、やる気の風が後ろから吹いてきた気がする」

まさに側坐核の機能を実感したのだと思います。

「仮行動」の実行可能性を高める3つ目のポイントは、**即時フィードバック**です。

自分の行動に対してすぐにフィードバックを受けると、その行動を続けるモチベーションが上がります。例えば、LINEやFacebook、Twitterなどでメッセージ投稿すると、スタンプや短いメッセージなどで即時に反応を得ることができます。そうなると楽しくなって夢中で続けられるわけです。このメカニズムをここでも活用します。

具体的には、**「仮行動」に着手し完了できたら、すぐに赤ペンなどで線を引いて消していく**のです。こうすることで、書き出したことを必ず終わらせようという気持ちになります。さらに、終わったタスクを赤ペンで塗りつぶすと視覚的な達成感も味わえるのでおすすめです。

赤ペンで線を引くというだけですが、モチベーションは上がっていきますし、励みになります。「好きなシールを貼る」という方もいます。

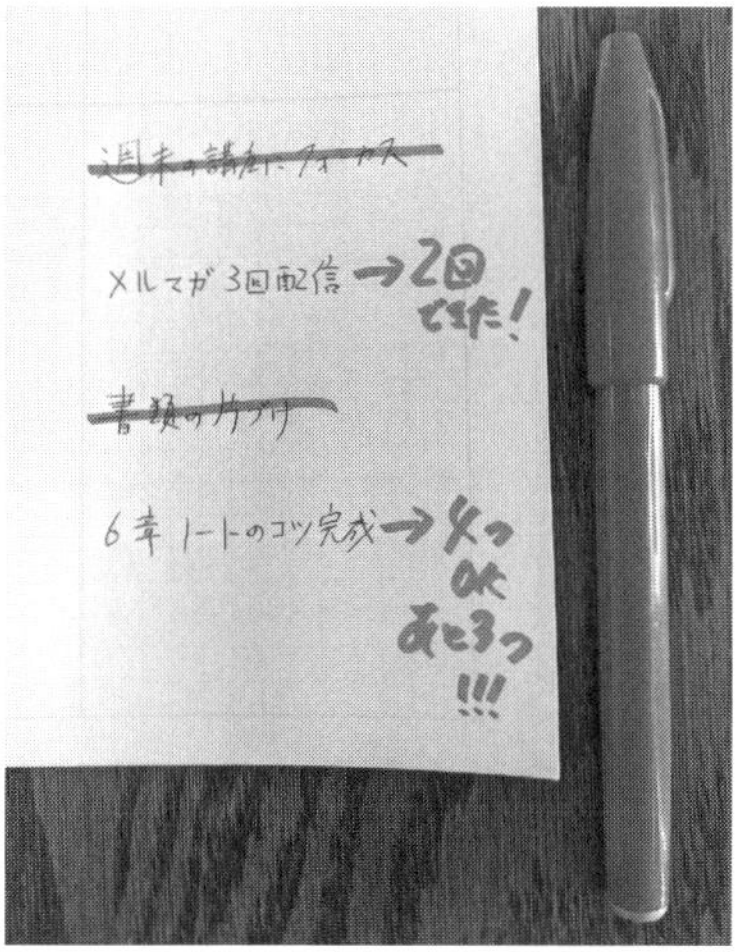

達成したことを見える化することは、自己肯定感を上げるという点でも非常に大切です。自分で決めた10秒アクションを実行することで小さな自信を積み重ねていけるのです。

私自身、ウィークリーノートに書いた仮行動が完了したら、「赤ペンで線を引く」ことにしています（上の写真）。

ちなみに私は赤ペンにもこだわって、専用のペンを用意しています。いろいろ試してみて、「ぺんてるの水性サインペン」で線を引くと一番達成感を感じるので、今はそれを使っています。

ピットインできるようになると、継続できるようになる

カーレースで車がずっと走り続けるためには、時折「ピットイン」が必要です。タイヤを交換したり、ガソリンを補給したりするわけです。

これと同じように、私たちが前に進み続けるためには、軌道修正というピットインが必要です。

一番簡単なピットインは、毎週ノートを書く際に先週のノートだけでなく、これまで書いた過去のノートをパラパラと見返すといいでしょう。特に、ここ数週間のノートを見返すことをおすすめします。

さらに、**月に1回もしくは、数ヶ月に1回の定期ピットインもおすすめ**です。過去に

書いたノートを持ち歩き、定期的に見返すのです。実はこれがウィークリーノートの一番の価値だとも感じています。

自分が仮決めとしてプランニングしたこと、過去に仮決めや仮行動として記したことが、実際に「今」どうなっているかを「定期点検」するのです。

具体的には、田んぼメソッドを使って、4分割で書いていきます。

これを私は、**「ピットインページ」**と呼んでいます。

自分の過去の1週間ごとの「仮決め仮行動ノート」を眺めて、点検して「軌道修正プラン」を立てていくのです。

月単位でのピットインは次の4ステップで行います。

過去に書いたノートを眺めて

ステップ1：あらためて感じたこと（よかったこと・嬉しかったこと・感謝したいこ

と）を左上の欄に書きます

ステップ2：今の自分に必要な目標を右上の欄に書きます

ステップ3：あらためて感じたこと（課題・できていないところ・不安なこと）を左下の欄に書きます

ステップ4：ステップ1から3の気づきをもとに軌道修正アクションプラン3つを右下の欄に書きます

これは毎週書くウィークリーノートと同じノートに書いてもいいですし、別のピットイン専用ノートに書いてもいいです。同じノートを使う場合には、ピットインは、ノートの後ろのページから書いていくと、ウィークリーと区別できて見やすいです。

1週間単位ではなく、1ヶ月以上の単位で軌道修正をするためにウィークリーノートを見返していくと、

- こんなこと（良いことも悪いことも）があったんだ
- 過去にはこんな目標を立てていたんだ

- こんなことを不安に感じていたんだ
- アクションプランとしてこんなことを計画して、実行していたんだ

そういったことが目に飛び込んでくるでしょう。

私もノートを外出時に持ち出し、ちょっとした隙間時間、電車やタクシーでの移動時間に見返すことがあります。漠然と過去を振り返ることもできますが、毎週自分で書いたウィークリーノートを見返すことで、より精度の高い振り返りが可能となります。

この「ピットインページ」が溜まってくると、さらにメタレベルを上げた振り返りができるようになります。ウィークリーノートを複数にわたり見返すだけでなく、ピットインページも複数にわたり見返すことで、新たに気がつくこともあるので、楽しみにしていてください。

第5章

ウィークリーノートで人生が好転した3人の実例

ここまで、「仮決め」「仮行動」「振り返り」「軌道修正」を実践するためのウィークリーノートの書き方について説明してきました。

しかし実際にウィークリーノートを書くときに「仮決め」「仮行動」「振り返り」「軌道修正」をどの程度の精度でやればいいかわからないかもしれません。人によっては、仮決めは簡単にスムーズにできても仮行動が難しく感じることもあるでしょうし、仮決めが難しく感じられて止まってしまうこともあるでしょう。

そこで、私のオンラインサロンや年間プログラム、個別サポートに参加された3名の方の実例をご紹介します。**ウィークリーノートを活用して、不安を希望に変えていった方の実例**を知ることで、「仮決め」「仮行動」「振り返り」「軌道修正」は誰でも実践できる容易なものでありながら、着実に効果を実感できることがわかると思います。

ウィークリーノートを書くことは難しいことではありません。3人の方の実例を通じて、ウィークリーノートを書くコツや感覚を体験してみてください。

そして、仮でいいのでまず1枚ウィークリーノートを書いてみましょう。

Fさんの場合（接客業・28歳・女性）
大好きな手芸の時間が取れない日々
↓個展に出品できるようになり手芸が副業にも

Fさんの仕事は、リモートワーク不可の接客業。往復の通勤だけで2時間近くかかり、慢性的に疲れ、不安、ストレスも溜まっていました。

月ごとのノルマを達成し、いい成績を残せたときは「この仕事をやっていてよかった」と思うのです。でも、クレーム対応で疲弊すると「自分には向いていないかも……」と落ち込むこともあります。本当は好きな手芸を仕事にしたいけれど、シフト制で休みが不定期なこともあり、具体的に動けずにいました。

□Fさんの状況

- 休日は不定期なシフト制なので、予定や約束を入れづらい

●毎日の通勤に往復2時間近くかかり、帰宅後はぐったり
●クレームさえなければ、今の仕事はなんとかやっていけそう
●大好きな手芸に没頭できる時間がとれない

ここで、Fさんにウィークリーノートを実践してもらいました。Fさんは朝が苦手なので、日曜日の22時にウィークリーノートを書くことにしました。

□1週目

Fさんは、ステップ1の「先週1週間を振り返り、よかったこと・嬉しかったこと・感謝したいことを3つ書く」に苦戦しました。どうしても、できなかったことや後悔していることが頭に思い浮かんでしまうのです。それでも、なんとかよかったことを考えました（「お客様に喜んでもらえた。30分手芸ができた。友達とランチに行く約束ができた」）。そして、「手芸仲間が欲しい」とふと思ったのです。そこで、ステップ4の「仮行動」の欄に、**「手芸関係のサークルを調べる」**と書きました。

Fさんのウィークリーノート(当初)

① 先週のポジティブな振り返り

・お客様に喜んでもらえた
・30分手芸ができた
・友達とランチに行く約束ができた

② 今週の「マイベスト3」

・提案した商品が売れる!
・手芸仲間が見つかる!
・休日を目一杯楽しむ

③ 今の「悩み・課題・不安」

・仕事のシフトが不規則だから予定が立てづらい
・通勤時間が長くて疲れてしまう
・手芸に没頭する時間が、なかなか確保できない
・今の仕事は自分に向いているのか

④ 今週の仮行動(10秒アクション)

・接客がうまい先輩のトークをマネしてみる
・手芸関係のサークルを調べる
・仕事の悩みを友人に話してみる

□2週目

2週目もやはり、ステップ1のポジティブな振り返りを書き出すのに時間がかかりました。それでも3つ思い出しました（「よさそうな手芸サークルが見つかった。残業なしで定時に帰れた日が多かった。手芸作品をつくり始めた」）。そして、ステップ4の「仮行動」の欄には、**「手芸関係のサークルに行ってみる」**と書きました。

□3週目

3週目、Fさんに変化がありました。今まで苦戦していたステップ1のポジティブな振り返りがスラスラ書けたのです（「手芸サークルを見学できた。行ってみたら暖かくていい感じだった。歓迎してもらえた」）。

Fさんは、ウィークリーノートを書くときだけでなく、日常でも「よかったことないかな？」と自然に考える癖がついてきた自分に驚きました。そして、ステップ4の「仮行動」の欄に、**「手芸サークルに正式入会する」**と書きました。

□1ヶ月後

手芸サークルに通い出したFさんは、オーダーメイド商品をネット販売している手芸サークルのメンバーに、「時間のあるときでいいから手伝って」と声をかけられました。Fさんの器用さとセンスの良さが評価されたようです。Fさんは、ステップ4の「仮行動」の欄に、**「仕事がオフの日に、アトリエに顔を出してみる」**と書きました。

□2ヶ月後

Fさんは、手芸サークルに月に数回顔を出しています。そして週に1回は、オーダーメイド商品をつくっている仲間のアトリエでお手伝いをしています。

思いがけず、仕事以外で、お金をいただけるようになりました。Fさんが当初想定していたのとは違う方法でしたが、自分の好きなことを評価されお金をもらえるのが、こんなに嬉しいとは思っていなかったそうです。さらに、別の手芸仲間が開催する個展に、作品を出してみないかとお誘いを受けました。

□3ヶ月後

Fさんは、ステップ1の「先週1週間を振り返り、よかったこと・嬉しかったこと・感謝したいことを3つ書く」が、3つで足りなくなってしまいました。

- アトリエで雑談しながらの作業が楽しい！
- 自分がお手伝いしたオーダーメイド商品が売れた！
- 個展に出す作品についてアドバイスをもらえた
- 以前より仕事に集中できるようになった
- 仕事でのストレスを引きずらなくなってきた……

休みは相変わらず不定期ですが、アトリエに顔を出してオーダーメイド商品をつくる手伝いをしています。趣味でつくるものと商品の違いを知ることができたことや手芸を仕事としている人とご縁ができたことが、Fさんにとっては大きかったようです。今では平日の勤務時間後は自宅で個展に出品する作品の制作に没頭しています。ウィークリーノートを始めたことで、ここまで変わったことにFさん自身が驚いていました。

Fさんのウィークリーノート（3ヶ月後）

① 先週のポジティブな振り返り

・アトリエで雑談しながらの作業が楽しい！
・お手伝いしたオーダーメイド商品が売れた！
・個展に出す作品についてアドバイスをもらえた
・以前より仕事に集中できるようになった
・仕事でのストレスを引きずらなくなってきた

② 今週の「マイベスト3」

・さらにオーダーメイド商品が売れる！
・個展に出す作品の仮完成
・後輩の相談にのる

③ 今の「悩み・課題・不安」

・休みが不定期な今の仕事を続けるべきか
・個展に出す作品の制作時間の確保
・スケジュールを詰め込みすぎかも
・できれば手芸関係の仕事につきたいけれどそれだけで生活できるのか

④ 今週の仮行動（10秒アクション）

・週に2回はアトリエに通う
・作品を仮でもいいので完成させる
・仮完成した作品をアトリエ仲間に見てもらって、フィードバックをもらう
・今の仕事を続けるメリットとデメリットについて考えてみる
・手芸関係で生計を立てるにはどんな仕事があるか調べる

Oさんの場合（IT企業システムエンジニア・32歳・男性）
テレワーク中心で孤独。でも人付き合いも苦手
↓料理講座に通い始め充実した日々。思わぬ出会いも

システムエンジニアのOさんが出社するのは月に数回のみで、ほぼ完全にリモートワークをしています。もともとチャットやメールでやりとりする仕事が多かったので、リモートワーク化しても仕事をするうえで不便は感じていません。

ただ、いま借りている部屋は「どうせ夜寝るために帰るだけだから」ということで選んだ狭いワンルーム。居心地は当然よくはなく、そこにほぼ1日引きこもって仕事をしているのでストレスが溜まり、運動不足にもなっています。

また、スーパーやコンビニで買い物するとき以外、人と接する機会もほとんどありません。人付き合いが得意でないとはいえ、ずっと一人でいることが不安に思えてきたのです。出会いがあるわけでもないし、自分から積極的に人と関わる自信もなく、寂しさ

と不安を抱えながら、単調な日々を繰り返していました。

□Oさんの状況

- リモートワークになって通勤はなくなったものの、ほぼ休みなく働いている
- 狭い1Kの自宅よりオフィスのほうが、働く環境としてはいい
- ほとんど人と接する機会がないし、出会いもない
- 仕事をして、オンラインゲームをするだけで1週間が終わってしまう

ここで、Oさんにウィークリーノートを実践してもらいました。Oさんは朝が得意なので、月曜の朝6時にウィークリーノートを実践することにしました。

□1週目

Oさんは、ステップ1の「先週1週間を振り返り、よかったこと・嬉しかったこと・感謝したいことを3つ書く」のに時間がかかりました。あまりに単調な毎日なので、な

かなか思いつかないのです。しかしなんとかしぼり出しました（「ウィークリーノートを始められた。週に2回自炊できた。部屋の片づけをしたのでスッキリした」）。

ステップ2の「仮決め」も、予定通りのことしか思い浮かばなかったので、書くのに苦労しました（「ウィークリーノートがスラスラ書けるようになる。簡単にできておいしい料理を1つ覚える。勤務時間内で仕事を終わらせて気分転換する」）。

ステップ3の「現時点での悩み・課題・不安」は、スラスラ書けました（「毎日が単調すぎる。1日1回は普通の会話をしたいのに、話し相手がいない。部屋が狭すぎてくつろげない」）。

ステップ4の「仮行動」を書くのは、時間がかかりました。というのも、こういう書き方でいいのか確信が持てなかったからです。それでも、

ステップ1で書いた「先週のよかったこと」をさらにバージョンアップするために必要なアクションとしては、**「簡単にできる料理の本を探して買う」**

ステップ2で書いた今週の「勝手にマイベスト3」を実現するために必要なアクショ

Oさんのウィークリーノート(当初)

① 先週のポジティブな振り返り

・ウィークリーノートを始められた
・週に2回、自炊ができた
・部屋の片づけをしたのでスッキリした

② 今週の「マイベスト3」

・ウィークリーノートがスラスラ書けるようになる
・簡単にできておいしい料理を1つ覚える
・勤務時間内で仕事を終わらせて気分転換する

③ 今の「悩み・課題・不安」

・毎日が単調すぎる
・1日1回は普通の会話をしたいのに、話し相手がいない
・部屋が狭すぎてくつろげない

④ 今週の仮行動(10秒アクション)

・簡単にできる料理の本を探して買う
・毎日寝る前に「よかったことを3つ」考えてみる
・1日1回は外出する

ンとしては、**「毎日寝る前によかったことを3つ考えてみる」**

ステップ3で書いた「悩み・課題・不安」を解決するためのアクションとしては、**「1日1回は外出する」**

と書きました。

□2週目

Oさんの2週目は、スラスラとはいかないものの、先週に比べればスムーズにウィークリーノートを書くことができました。ステップ1のポジティブな振り返りでは「簡単にできる料理本を買えた。ついでに買った本が意外によかった。豚丼をつくったらおいしかった」と書きました。そして、ステップ4の「仮行動」には、**「ついでに買った本の著者について調べてみる」**と書きました。

□3週目

Oさんの3週目。ステップ1のポジティブな振り返りでは「生姜焼きがつくれるようになった。意外に面白かった本の著者のイベントに申し込めた。3日間は仕事を勤務時間内で終わらせることができた」と書きました。そして、ステップ4の「仮行動」には、**「豚肉料理をさらに1つマスターする」**と書きました。

□1ヶ月後

著者イベントに参加したのをきっかけに、料理の連続講座に通い出したOさん。会社以外の人との会話や交流は久しぶりなので、最初は緊張しました。以前のOさんなら「煩わしい」と避けていたことでしたが、人と交流できることが「嬉しい」に変わっている自分に驚きました。ステップ4の「仮行動」の欄には、**「講座仲間に、オススメ料理を教えてもらう」**と書きました。

□2ヶ月後

Oさんは、会社の人から「なんだか雰囲気が変わりましたね」と言われたり、仕事の相談をされるようになって驚いています。自分では以前と変わっていないつもりなのに、話しやすい人になっていることに気がつき、嬉しくなりました。

Oさんの発案で、オンラインゲーム仲間とオンライン飲み会を企画したら盛り上がったのも、とても嬉しかったそうです。その勢いをかりて、部署内でのオンライン飲み会の幹事に立候補しました。以前の自分なら絶対に引き受けなかったことなので、Oさん自身がその変化に驚いています。

□3ヶ月後

Oさんは、連続講座で知り合った仲間の一人と食事に行く約束をしました。もしかしたら、これはデートといえるのかもと思うと、楽しみな反面緊張します。

いつの間にかステップ1の「先週1週間を振り返り、よかったこと・嬉しかったこと・感謝したいことを3つ書く」が、スラスラ書けるようになっていました。そして、ステップ4の「仮行動」には、**「自分に似合う服を買いに行く」**と書きました。量販店でしか洋服を買ったことがなかった自分が、まさか服装に気を使う日がくるとは思ってもいなくて、嬉しい驚きです。

Oさんのウィークリーノート(3ヶ月後)

① 先週のポジティブな振り返り

・社内有志によるオンライン飲み会が、予想以上に盛り上がった！
・オンライン飲み会の来月開催が決まった！
・新規プロジェクトが好発進！
・悩んでいた後輩の役に立てた
・はじめて行った美容室がよかった
・女性と食事に行く約束をした

② 今週の「マイベスト3」

・来月開催の社内オンライン飲み会の参加者が増える
・同期オンライン飲み会の開催決定
・自分に似合う服をゲット

③ 今の「悩み・課題・不安」

・仕事は順調だけど、相変わらず長時間労働
・女性と食事するのにいい店を知らない
・食事のときに会話が続かないかもしれない

④ 今週の仮行動(10秒アクション)

・社内オンライン飲み会をさらに盛り上げる仕組みを考える
・自分に似合う服を買いに行く
・同僚にオススメの店を聞く
・オススメの店に下見に行ってみる

Kさんの場合（大手企業管理職・42歳・男性）

「このままでいいのだろうか」と思いつつ動けない↓仕事に迷いがなくなり、他業界への転職も実現

Kさんは専門職兼マネージャーとして20年働いています。専門技術と知識を活かすことができ、マネジメントも任されている今の仕事に不満はありません。ありがたいことに、会社からも十分評価されています。リモートワークになって通勤時間がなくなった分、家族と一緒に夕ご飯を食べられるようにもなりました。

どこにも不満はないはずなのに、一人になったとき、ふと思うのです。「自分の人生、このままでいいのかな？」「このまま、この会社で仕事人生を終えていいのか？」と。頭の片隅にクエスチョンマークを抱えながら、日々を過ごしていました。

□Kさんの状況

- リモートワークになって通勤がなくなったので、毎日家族5人で夕ご飯を食べられるようになった
- 仕事専用の部屋に鍵をつけたので、自宅でも集中して仕事ができている
- 余力ができたので、月に1回は家族でキャンプに行けるようになった
- 現状に不満があるわけではないが、「このままでいいのかな?」と漠然とした不安がある

ここで、Kさんにウィークリーノートを実践してもらいました。Kさんは週末は家族との時間を大事にしたかったので、月曜日の朝8時に書くことにしました。

□1週目

Kさんにとっては、ステップ1の「先週1週間を振り返り、よかったこと・嬉しかったこと・感謝したいことを3つ書く」のは簡単でした(「毎日英語の勉強ができた。プ

ロジェクトの評価が思ったよりよかった。週末に家族でキャンプに行けた」)。

ステップ2の「仮決め」もすぐに思い浮かびました（「英語の勉強仲間を見つける。プロジェクトをさらに良くするためのアイデアを思いつく。娘の相談にのる」）。

ところが、ステップ3の「現時点での悩み・課題・不安」のところで、止まりました。

悩みや課題がないわけがないのに、すんなり出てこないのです。Kさんにとっては、悩みや課題があることを認めてしまうと、本当の悩みになってしまうという思い込みがあったのです。ですが、書かないと前に進めないのでこう書きました（「今の仕事を定年までずっと続けて後悔しないか。部下の悩みや課題を把握できているか。本当にやりたいことができているのだろうか」）。

ステップ4の「仮行動」を書くのは、一番時間がかかりました。というのも、悩みや課題を解決するためのアクションをどうするか迷ったからです。

ステップ1で書いた「先週のよかったこと」をさらにバージョンアップするために必要なアクションとしては**「TOEICの申し込みをして試験対策の勉強を始める」**、ステップ2で書いた今週の「勝手にマイベスト3」を実現するために必要なアクションと

Kさんのウィークリーノート(当初)

① 先週のポジティブな振り返り

・毎日英語の勉強ができた
・プロジェクトの評価が思ったよりよかった
・週末に家族でキャンプに行けた

② 今週の「マイベスト3」

・英語の勉強仲間を見つける
・プロジェクトをさらに良くするためのアイデアを思いつく
・娘の相談にのる

③ 今の「悩み・課題・不安」

・今の仕事を定年までずっと続けて後悔しないか
・部下の悩みや課題を把握できているか
・本当にやりたいことができているのだろうか

④ 今週の仮行動(10秒アクション)

・TOEICの申し込みをして、試験対策の勉強を始める
・娘のお気に入りのカフェに2人で行く
・転職した先輩と連絡を取ってみる

しては**「娘のお気に入りのカフェに2人で行く」**、ステップ3の悩みや課題を解決するためのアクションとしては**「転職した先輩と連絡を取ってみる」**と書きました。

□2週目

ステップ1のポジティブな振り返りでは、「転職した先輩とオンライン飲み会の約束ができた。TOEICのための勉強を始められた。娘が相談してくれたのが嬉しかった」と書きました。

ステップ3では「本当にどうしたいかまだわからない」「転職について具体的なイメージが湧いていない」という課題が見えてきました。そこでステップ4の「仮行動」の欄には、**「今の仕事以外の可能性を考えてみる」「本当はどうしたいのか頭の声だけでなく心の声を聴いてみる」「転職の可能性について具体的に考えてみる」**と書きました。

□3週目

Kさんは転職の可能性について具体的に考えることにしました。まずは、同業他社について調べてみることにしたのです。すると、同業他社に転職することは、Kさんにとってはメリットが少ないことがわかりました。

そこでステップ4の「仮行動」の欄には**「今の業界にこだわらず、本当はどうしたいのか、引き続き頭の声だけでなく心の声を聴いてみる」「他業種に転職する可能性について具体的に考えてみる」**と書きました。

□1ヶ月後

今の仕事に不満があるわけではないけれど、漠然とした不安を抱えていたKさん。ウィークリーノートを書き始めたことで、転職について具体的に動き始めました。そうして実際に動き出してみると、他業種に転職した先輩もいたことを思い出しました。そこでステップ4の仮行動の欄には**「他業種に転職したOBと連絡を取る」**と書きました。

□2ヶ月後

Kさんは、転職の可能性についていろいろ調べ、自分でもよく考えた結果、「今は転職しない」という決断をしました。決めたことで、仕事について悩む時間が減り、家族と一緒に過ごす時間がより楽しく感じられるようになりました。

□3ヶ月後

Kさんは、迷っていました。というのも、別の業界に転職したOBから「自分の会社にこないか」と、予想外のオファーをもらったからです。「今は転職しない」と一度決めたものの、信頼するOBからのオファーに心揺れたのです。

「今の会社で頑張ると決めたのに、転職してもいいものなのか？」「こんなにコロコロ決断を変えていいのか？」と本人も戸惑っていました。

実は、A案かB案で迷って動けないときに、どちらでもいいので1つに仮決めすると、結果的に決断が早まるというのは、よくあることです。これを私は**「仮決めの魔力」**と呼んでいます。なぜ、「魔力」という言葉を使っているのかというと、仮決めしたことがそのまま本決断になる確率が3分の1しかないからです。

というのも、多くの決断に迷われている方をサポートした経験からすると、A案と仮決めした方がA案を最終決断にする割合は3分の1なのです。

では、A案と仮決めした方の残りの3分の2の決断はどうなったかというと、3分の1の方は、最初の決断とは逆のB案を最終決断にしています。そして、最後の3分の1の方は、当初の選択肢にはなかった新しいC案を最終決断にしています。

結局、**どんな選択肢にしてもどれか1つに仮決めして仮行動することで、最終的にはその人にとって最適な選択を決断することになる**のです。

こうしたことをKさんにお伝えしたところ、ホッとしたそうです。

Kさんは、まずは転職のオファーの詳細について聞いてみることにしました。そして家族にも相談し、迷ったものの最終的には転職することになりました。

仕事について漠然と悩んでいた数ヶ月前と比べて、状況の変化に驚くKさん。転職は3ヶ月先なので、引き継ぎや新しい業界の勉強で忙しい日々を過ごしています。

Kさんのウィークリーノート（3ヶ月後）

① 先週のポジティブな振り返り

・長年憧れていた会社への転職が決まった！

・部下との面談でコーチングを活用できた

・子どもたちの試験勉強の役に立てた

② 今週の「マイベスト3」

・OBとの会食で転職先についてのさらなる情報収集をする

・部下と1対1で会話する機会を増やす

・家族でデイキャンプを楽しむ

③ 今の「悩み・課題・不安」

・自分の去就を知った後の部下のメンタルケアとモチベーションの維持

・残り3ヶ月で、今の会社にいかに恩返しするか

・憧れていた会社で自分は通用するだろうか

④ 今週の仮行動（10秒アクション）

・会食前に、知りたいことをリストアップする

・行ってみたいキャンプ場について家族と話し合う

・引き継ぎのための時間を確保する

・転職までのあと3ヶ月で準備できることを考えてみる

第6章

ウィークリーノートを楽に続けていくコツ

ここまでで、いかに不安を行動力に変えていくかについてお伝えしてきました。

ウィークリーノートは、週に1回、最短3分の時間を確保できれば実践できます。軌道に乗ってきたら、時間的に余裕があるときは5分、10分、15分など、ある程度時間をかけて、じっくり取り組んでみることをおすすめします。

ウィークリーノートの精度が上がれば上がるほど、1週間の充実度も達成感も上がっていきます。そうすることで、不安を行動力に変えやすくなるはずです。


ここからは、**ウィークリーノートという習慣がよりはかどるコツ**を解説していきます。私がサポートしているクライアントさんが活用して、特に効果の高かった方法を厳選してご紹介します。

「よかったこと」が思い浮かばない場合は、極限まで基準を下げる

ウィークリーノートを始めたばかりのMさんから、「実は……」と相談を受けたことがあります。

「ずっと考えたのですが、今週も先週もそのまた前も、よかったことというのがまったく思い浮かびません。何かを始めても長続きしたことがないし、これといって頑張ったことも思い浮かばない日々です。だからウィークリーノートのステップ1で止まってしまいます」

1週間を振り返ってみて、「よかったこと」がまったく思い浮かばない……。そんなときもあるでしょう。そういうときは、まずは、ゆるーーーく考えてみてください。例

えば、この本を読んでいることも見方によっては「よかったこと」です。少なくとも、私はそう確信しています。1週間を振り返ってみようと実際に行動されたことも「よかったこと」です。

よかったことがまったく思い浮かばないときというのは、「何事も前進しないといけない」「必死に努力したことでないとよかったことに値しない」「人に胸を張って言えるような素晴らしい成果でないといけない」という思い込みを持っていることがあります。

でも、そんな必要はありません。**よかったことを見つける最大のコツは、基準を極限まで下げること**です。

先日、小学生の次男が端切れを使って、ランチョンマットと巾着袋をつくってきました。それを見ながら、ふと思ったのです。よかったことを見つける基準が高すぎる人というのは、布にたとえるとすると、「最低1m以上なければ布としての価値を認めない」と勝手に決めてしまっているようなものです。これだと、せっかく30㎝の端切れがあっても価値は認められずスルーされてしまいます。

ここで例えば、物差しのメモリを小さくして10㎝、1㎝でもOKということになれば、端切れにも十分価値を見い出すことができます。そして、実際1m未満の布でも、ランチョンマットやマスクなどに活用できます。

これと同じように、よかったことを見つける基準となるメモリを細かくすることで、ちょっとしたよかったことを一歩踏み出す力に変えていくことができるのです。

物事が思うように前進しなかったときも、「よかった」と捉えることはできます。例えば、毎朝5時起床と決めたのに、月曜日は5時半、火曜日は6時半、それ以降はいつも通りの7時半にしか起きられなかったとします。

厳しい基準でみれば、目標の5時に一度も起きられなかったので、失敗と捉えることもできます。ですが、「週に2回はいつもより早く起きられた」「週に3時間、朝に自由時間を確保できた」と捉えれば、十分よかったことに該当するわけです。

このように「よかったことを測る基準」を下げることで、よかったことが出現することはよくあります。

また、才能がある事柄については、たいした努力をしなくてもあっさり成果が出ることが少なくありません。料理上手な人であれば、残り物でパパッとつくった料理がすごくおいしかったりします。まとめ上手な人は、同じことを聞きながらメモしたとしても、ものすごくわかりやすいメモをつくれます。ムードメーカーといわれる人は、その場にいるだけで家庭や職場を和ませてくれたりします。

こういったことは、当然ですが「よかったこと」に該当します。ですが、本人にとっては当たり前すぎてスルーしてしまうことがあるのです。ですから、自分が当たり前にできていることについて「よかったこと」に該当するものがないか、一度確認してみてください。

うまくいったことや嬉しかったこと、感謝したいことは、「意図して見る」ことで、はじめて気がつくことができます。

それは私も同じです。先週の自分のダメなところを見ようと意図すれば、いくらでも挙げられます。なぜそれをしないかというと、否定からは何も生まれないからです。ですから、もしダメなところ探しをしているのであれば、今この瞬間からダメなところ探しはすっぱりやめましょう。そして言葉から変えていきましょう。

「うまくいったことがまったく思い浮かばない」のではなく、「うまくいったことを思い出しつつある、うまくいきつつある」と考えてみてください。**「ダメな自分」ではなく、「ダメなところもあるけれど、素敵なところもある自分」**です。

よかったことが思い浮かばない場合は、極限まで基準を下げてみてください。

振り返りが苦手な人は、一度立ち止まるだけでいい

振り返りがとても大事なのは理解できたけれど、ダメ出し癖から抜け出せずに悩まれる方もいるかもしれません。オンラインサロンメンバーのTさんも、当初はそうでした。

Tさんいわく

「振り返りの作業は大切だと思いながらも、できていないところをつつかれているようなネガティブな印象があり苦手です。頭では、振り返りは大切だとわかっているのですが、なかなかスムーズに振り返りに着手することができません。日々のちょっとした時間を使って自分に問いかけ、前向きに振り返りができるようになりたいです」

確かに、今まで振り返りという名の反省しかしていなかった方というのは、どうしても「振り返り＝反省会、ダメ出し大会、懺悔する時間」と捉えてしまうことがよくあります。というのも、私たちはそうやって育ってきたからです。ですので、まずは振り返りの定義を変えましょう。

「振り返り＝反省」ではありません。
「振り返り＝作戦会議」です。

振り返りは、自分が行きたい未来、実現したい夢や目標に近づくための未来作戦会議です。

未来作戦会議をスムーズに実行するポイントは2つあります。

1つ目のポイントは、一度立ち止まること。

歩いたり走ったりしているときをイメージしてみてください。足を止めずに前に進みながら、後ろを振り返るのは難しくないですか。場合によっては、人や物にぶつかったりして事故が起こるかもしれません。

ですから、振り返りをする際は一度完全に立ち止まることが大事です。つまり、「できなかったことへの後悔、将来への漠然とした不安、未完了事項のこと」など、いま頭の中にある心配事についてぐるぐる考えるのをやめて、すべてを一度脇に置いてください。

これらのことで頭がいっぱいの状態で振り返ると、「あれもこれもできなかった、これもできなかった。あれもこれもしないといけない。どうしてこんなことになってしまったんだ。どうしたらいいんだ。もうダメだ」といった具合に、ネガティブな方向に思考がいってしまいがちです。ですから、振り返りをするときは、一度思考を立ち止まらせること。たとえ懸案事項を抱えていたとしても一度脇に置いてください。

2つ目のポイントは、振り返る「順序」です。漫然と振り返りをすると「失敗したこと・うまくいかなかったこと・やり残したこと」といった「ネガティブなこと」のオンパレードになりがちです。

そうなると、後悔したり、ひたすら反省したり、自分にダメ出ししたりして、結果的に落ち込み、自信を失っていきます。「こんなことなら振り返らないほうがよかった」とため息が出てくる人さえいます。ですから、振り返りをするときは必ず「よかったこと」から振り返ってください。これは本書で繰り返し述べてきたことですが、それだけ大事なポイントです。

たとえ、「よかったことなんてない」「ネガティブなことしか思い浮かばない」という場合でも、先述したように、基準を極限まで下げれば必ずよかったことは見つかります。そのよかったことを、どんな小さく些細なことでもいいのでまず箇条書きにしてみてください。そうしてよかったことを箇条書きにした「後」に、悩みや課題、心配事について目を向けていく時間も確保します。

このように、ポジティブ→ネガティブという順番で振り返ることで、必要以上に自分を責めることなく、冷静に客観的に課題に向き合うことができます。
ここで実際に、ポジティブ→ネガティブという順番で振り返りを実践された方の声をご紹介します。

「振り返りの大事さに気づけました。実はいま絶賛調子がよろしくない時期だったのですが……でもこの順番で振り返ってみたら、『あれ？　成長しとるやん！』ってなれたので、少し前向きになれました」（Ｉさん）

「振り返りというと、どうしても『反省』『悪かった点を改善する』イメージがつきまとい、『正解脳』や『解決脳』がしゃしゃり出てきて、振り返りたくなくなることもあります。うまくいなす方法を身につけたいと思っていました。実際に、この順番で振り返りをしてみて、日々を置き忘れていると思いました。丁寧に振り返りすることの大切さを学びました。日記、写真、スケジュール帳、未来の自分に投資する形で、もうちょっと肩ひじ張らずに、でもしっかり毎週振り返っていこうと思いました」（Ｈさん）

10秒アクションはワンパターンでいい

仮行動に着手するための10秒アクションで悩まれる方もいます。

10秒アクションが、ワンパターンだったり地味すぎたりすると、「こんなアクションで、本当に変われるのかな?」「もっと効果的な10秒アクションにしないといけないのでは?」と悩まれてしまう方がいるのです。

オンラインサロン参加者のSさんも10秒アクションがしっくりこずに、足踏みしていました。

というのも、仮行動するための10秒アクションが、ワンパターンだったからです。

Sさんの場合、仮行動を実行するための10秒アクションは「スマホにメモする」しか思いつかなかったそうです。それをひたすら続けているものの、「毎回ワンパターンだと飽きてしまうし、新鮮味がない」と思ったのです。これ以外の10秒アクションもしたいのに、なかなかアイデアが出てこなかったのです。

仮行動を実行するための10秒アクションは創意工夫したほうがいいのでしょうか？

10秒アクションは、トリガー（引き金）にすぎないので、**自分で決めた仮行動を実際に実行できているのであれば、ワンパターンでも問題ない**です。

10秒アクションで重要なポイントは2つあります。

1つ目は、「実際に行動に着手できているか？」です。

Sさんの場合であれば、現在設定している10秒アクション「スマホにメモする」で実際に行動に着手できているかどうかをまずチェックしてみる必要があります。もし現在の10秒アクションで、行動に着手できていないのだとしたら、別の10秒アクションを仮決めして試してみる必要があります。

10秒アクションで重要なポイントの2つ目は、「行動の質が上がっているか？」です。Sさんの場合であれば、現在設定している10秒アクション、「スマホにメモする」で実際に行動に着手できているとして、「行動の質が上がっているか？」に意識を向けてみてください。

そして、「さらに行動の質を上げるための10秒アクションがあるとしたらどんなことか？」を考えて実行してみてください。そうすることで、行動の質を高めていくことができます。

オンラインサロンのメンバーで執筆業をされているWさんの場合、仕事のほぼすべてが執筆なので、複数のテーマの10秒アクションがほとんど同じパターンになってしまうそうです。毎回の10秒アクションが「パソコンを開き、書きかけのファイルを開く」なので、あまりやる気になれず行動が途切れがちになってしまうと悩んでいました。

Wさんの場合は10秒アクションの1つ目のポイント、「実際に行動に着手できているか？」で、つまずいているわけです。現在の10秒アクションで、行動に着手できていないわけですから別の10秒アクションを仮決めして試せばいいわけです。

Wさんの場合であれば、「パソコンを開き、書きかけのファイルを開く」の後の10秒アクションをいくつか考えて試すといいでしょう。

例えば、

- とりあえず一文を書く
- キーワードを打ち込む
- 30分後にどういう状態になっていたらいいかイメージする
- 文章を書き終えたときのゴールをイメージする
- 読み手をイメージして、浮かんできたキーワードを打ち込む

など、いくつかバリエーションがあると仮行動に着手しやすくなります。

忙しすぎて仮行動する余裕がないときは、順番を変えるだけでいい

やる気は十分あるのだけれど、生活していくための仕事が忙しすぎて、1日が終わると10秒アクションですらできておらず落ち込む……という方もいます。

この状態から抜け出すにはどうしたらいいのでしょうか？

まず、日常に忙殺されながらも「こうしたい！」という思いを持ち続け、やる気を保てているというのは素晴らしいです。そして、やる気があっても仕事や子育て、介護などが重なってくると物理的に時間もないですし、エネルギーが残っていないということはあると思います。

そういうときは、順番を変えてみてください。

例えば、起床直後、通勤途中、昼休みなど、中途半端に感じるかもしれませんが午前中もしくは午後の早い時間に10秒アクションを試してみてください。

自分にとって本当に大事だと思うことは勤務時間後ではなく、なるべく午前中の早い時間に実行してください。たとえ1分でもいいので、自分の理想の未来に近づくための時間は死守するのです。

成果は二次曲線を描きますから、たとえ1日1分でもコツコツ続けているとある日突然、とんでもない成果が出たりします。ですから、たとえできない日があったとしても、腐らずに気楽に、気長に行動していきましょう。

「仮決め仮行動」はしっくりこなくてもいい

ウィークリーノートを書いて、10秒アクションまで決めて実行してはみるものの、なんだかしっくりこないときもあるでしょう。

こんなとき、しっくりこないからと、せっかく始めた仮行動をやめてしまう方がいます。そして、しっくりくる完全な仮決めや、完璧に納得できるウィークリーノートを書くことを目指したくなるのです。

こうなったら要注意です。

完璧な決断や完璧な準備をするよりも、仮の目標でもいいので、その実現のために具体的に動いてみることが大事です。

ウィークリーノートで仮決めしたことを、書いただけで満足して行動に着手しないままになっていませんか？

ウィークリーノートを使って今週について仮決めしたら、10秒アクションからでいいので実際に動いてみてください。これが、ものすごく大事です。

どんな仮決めでも、どんな目標でも、実際に動いてみないと、そこで止まってしまいます。「仮決め仮行動」というのは、実際に行動するところまでがワンセットです。

実際に動いてみると、「本当はもっとこうしたい」「あれ、なんか違うかも」「ここはしっくりくる」「こうしたら、もっと良くなる」といったことがわかります。

納得感・しっくり感は行動後の軌道修正をしてはじめて得られるものです。ぜひ、そこまで経験するために、まず仮行動してください。

まずは「よかったこと3つ」を書き出すだけでいい

どうしても最初のハードルが高すぎて、着手できないという方もいるでしょう。そういう方は、ステップ1だけ実践してください。週に1回でいいので、振り返って「今週のよかったこと3つ」を書き出すだけでも十分に効果があります。

実際、行動イノベーションプログラムに参加してくれているHさんが変わったきっかけは、1週間ごとに「よかったこと・嬉しかったこと・感謝したいこと」3つを書き出し始めたことでした。

Hさんが、オンラインサロン「行動イノベーション・ゴールドコース」に参加されたのは、「自分がやりたいことに時間やお金を使えるようになりたいし、できれば自分が本当にやりたいことで収入を確保したいとずっと思っているのに、なかなか行動できない。本当は、人の役に立ちたいし、朝起きて今日もあの人の役に立てるというワクワク感を得たい」という思いをあきらめきれなかったからだそうです。

オンラインサロンに参加当初は自己否定が強かったHさん。「なんで自分はダメなんだ」「どうして、自分にとって大事なことは、簡単なことですら着手できないのだろう」と自分を責めていたそうです。すぐにでも変わりたいのになかなか思うように行動できず、「他のオンラインサロンのメンバーの活躍が眩《まぶ》しかった」とHさん。

頭では「もっと自己受容しなければ、もう少し自分と仲良くなりたい」と思うのに、焦れば焦るほど「自分自身とすら仲良くできないようでは、この先もダメかも」と、自分を責めてしまう……。

そんなHさんが、「これだけはやる！」と決めて実行したのが、「1週間ごとに、先週をポジティブに振り返って、よかったこと3つを書き出す」ことでした。

そうはいっても当初は、ついダメ出しをしてしまったり、ダメだったところにばかり意識がいってしまい、自己受容は本当に少しずつしか進まず、焦ったそうです。

そんなHさんに、私はまず「少しずつでも自己受容が進んでいること、意図してポジティブな側面から振り返りをしようとしていること」が素晴らしいとお伝えしました。

自己受容は誰でもHさんと同じで、「少しずつ」しか進みません。逆にいえば、少しずつ進む分、リバウンドしにくいわけです。そのため私は「本当の自己受容が少しずつ進んでいると捉えてください」とアドバイスしました。

Hさんは、2ヶ月が過ぎた頃から自然とよかったことから振り返りができるようになり、自己受容が進んできたことを実感できるようになったそうです。そうなると「仲間とともに、焦らず、遅くとも着実に進んでいきたい」と思えるようになり、自分にとって大事なことを、完璧にはできなくても、着々と実行していけるようになったのです。

結果的に、Hさんは、長年憧れていた会社への転職に成功しました。今では、自分のことだけでなく、部下のことまで気にかける余裕ができたそうです。

何もしたくないときは、ゴールを再確認するだけでいい

ときには、「本当はどうしたい？」「何がしたい？」と自分に問いかけたときに、「めんどくさい」「あーなんにもしたくない」という声が聞こえることもあるでしょう。そんなとき、どう対応したらいいのでしょうか。

今まで通り普通に生活し、仕事をしているだけでも、すでにスケジュールはいっぱい詰まっているでしょうし、疲れてしまうときもあれば、ストレスが溜まるときもあるでしょう。ですから、「あーなんにもしたくない」となることは誰にでもあります。

そういうときは、**何もしたくない自分、やる気のない自分、行動から逃げたくなった自分を「そうなるときもあるよね」と一度受け止めてください。その後、「で、本当はどうしたい？」と聞いて、10秒でいいので行動に着手してみてください。**

やる気があろうがなかろうが、「すべきこと・したいこと」はコツコツ実行していくことが大事です。どんなときでも「モチベーション待ち」しないで仮行動に着手するということです。モチベーションがあってもなくても、まず10秒アクションから始めてみてください。動いているうちにやる気が出てきて夢中になるというのは、よくあることです。

例えば、朝6時起きを習慣化したいとします。朝6時に目覚ましが鳴りました。でも、あなたは眠いし、体も重く疲れている。

そこで自分に「本当はどうしたい?」と問いかけたとします。そこで、「眠いし、疲れているし、もうちょっと眠りたい」という答えが返ってきたとします。

こんなとき、あなたならどうしますか?

自分を甘やかす人は「やっぱり、体の声を聞くのは大事。疲れているんだから、よーし、今日は7時まで寝ちゃおう!!」と考えて眠ります。自分を甘やかしてしまう人は、自分の心の声を「受け入れる」ことと「従う」ことを混同してしまっているのです。

何もしたくないときに「わかりました。何もしたくないんですね。それでは今日はやめておきましょう」というように対応し続けると、なかなか行動に着手できないし、せっかく始めた行動も続けにくくなります。

ポイントは、心の声や体の声といった**自分の発している「声に耳を傾けること」と「自分を甘やかすこと」を区別する**ことです。

では、早起きして英語の勉強をすると仮決めしたのに、いざ朝になって「眠いから、今日はゆっくり眠っていたい」という場合、どうしたらいいのでしょうか？

「そうか、今朝は眠いし、疲れているんだね」と、一度自分の声を受け止めてください。ただし、「声を聞く」ことと「声に従う」ことは区別しましょう。ここでいえば、聞こえてきた声にそのまま従うのではなく、「それで今朝はどうしたい？　今起きたほうがいい仕事ができる？　それともあと5〜15分多く睡眠をとったほうがいい仕事ができる？　今週を最高の1週間にするために今朝はどうしたい？」と自分に聞くのです。

出てくる答えは日によって異なると思います。起きる決断をした場合には、たとえ寝不足でも眠くても、起きる目的がはっきりしているので動くことができます。また仮に、二度寝したとしても罪悪感を感じません。どっちを選択するにしても自分と対話して決めたことなのでスムーズです。

自分を甘やかす人は、「めんどくさいな、やりたくないな」という言葉を間に受けて、そのまま従ってしまいます。これに対して、自分を甘やかさずに「受け入れる」人は、「いい・悪い」という判断をはさまずに、自分の心の声や体の声をそのまま一度受け取ります。そのうえで、どうしたいかを決めます。

この微妙な違いに気づき実践できると、どんなときも行動できるようになります。そして、そのわずかな差がいずれ「大差」となるのです。

「何もしたくないな」というときこそ、チャンスです。そこで止まらずに、「今はそう思ったんだね」と受け止めたうえで、「そして、本当はどうしたい?」とゴールを再確認して10秒でいいので実際に行動してみてください。行動あるのみ、です。

おわりに

誰もが遭遇したことのない社会情勢の中で、いつもより不安になっている方もいるでしょう。過去の自分も含め、多くの方が「不安」で「悩みすぎ」の状態にいます。なんとかしたいのに行動できず、前に進めない状態になっています。

そんな状況から抜け出し、変化の時代をしなやかに生き抜いていくためのシンプルメソッドをお届けすることが、私のミッションです。


この本をお届けすることができて、心から嬉しいです。というのも、この本は、仲間がいる今の私だから書けた本だからです。

プロコーチとして独立する前の私は、「これからずっと生活費を稼いでいけるのだろうか」といつも不安を抱えていました。しかも、孤独でした。

でもあるとき、「地味でもいい。今の自分にできることに注力しよう。たとえ今どんな状況にあるとしても、希望の未来を描き、自分を励ましながら一歩ずつ進んでいこう」、そう決めたのです。

おかげさまで、当時の自分からずいぶん変わることができました。今まで不協和音が生じていたギアが噛み合い、言葉と思いと行動が一致したとき、私の人生が再起動し始めました。

変わりたくても変われなかったもどかしさ、苦しさ、悔しさをバネに、本気で変わるためのコツをシンプルメソッドでお伝えしたのがデビュー作『本気で変わりたい人の行動イノベーション』（秀和システム・だいわ文庫）でした。

あれから6年。ありがたいことに、9冊の著作をきっかけに、「本気で変わりたい！」という真摯な思いを持った仲間が、私のもとに集まってくれるようになりました。そこで、本気で変わりたい・もっと社会貢献したいという方のために、行動イノべーションメソッドを伝え、実践し、切磋琢磨し合える場をリアルとオンライン両方でつくりました。それが、年間プログラムとオンラインサロンです。

目標は情熱的に限りなく高く、行動は限りなく小さく10秒アクションから――。

一人ひとりが描く夢やぶっとんだ目標をカタチにするために、逆転の瞬間を仲間とともに味わうために、今も仮決め仮行動&軌道修正をしながら日々挑戦し続けています。

私には夢があります。それは、「心の声で描くぶっとんだ目標の実現に向けて、挑戦の人生を選ぶ人が溢れる社会」や「お互いの才能と夢と情熱をリスペクトし合い、聴き合い、応援し合う文化が根付いた社会」をつくることです。その一助となればと思い執筆させていただきました。

本書はたくさんの方の支えによってできあがりました。

編集を担当してくださったＰＨＰ研究所の中村康教編集長の粘り強い並走と励ましのおかげで本書が生まれました。中村さんの関わり、問いかけから生まれた言葉は数知れません。

またいつもやりがいを感じながら仕事をさせていただけるのは、クライアントの皆様、行動イノベーションプログラムのメンバーのおかげです。本当にありがとうございます。

いつも人生のパートナーとして、仕事でも深い洞察力を発揮し最強のパートナーとして全力でサポートし続けてくれる、妻、朝子。本当に大切なこととは何かを教えてくれる二人の息子、晃弘、達也。いつもありがとう。

そして、この本を読んでくださったあなたに、最大級のお礼を申し上げます。よろしければ、率直な感想をお聞かせください。いただいた感想を一所懸命に読ませていただきます。感想は左記のアドレス宛に送信ください。

※感想送付先アドレス：info@a-i.asia（件名は「週1ノート・感想」とお願いします）

最後まで読んでくださったあなたの人生をもっと応援したいとの思いから、プレゼントを用意させていただきました（左ページを参照）。ぜひご活用ください。

週1ノート術の実践によって自ら考え行動し、これからの新時代を一緒に切り拓いていきましょう。

あなたにとって本当に大事な行動を積み重ね、自分の可能性を最大限に発揮されますように。そして、希望とともに未来の扉が開かれていきますように。

近い将来、あなたと直接お話しできる日を楽しみにしております。

2020年12月22日

大平信孝

本書をご購読いただいたみなさまへ

3つの読者限定特典をプレゼント

最後まで読んでくださったあなたを
もっと応援したいとの思いから、
プレゼントを用意させていただきました。
ご自身の夢や目標実現に、ぜひお役立てください。

【特典1】オリジナル「ウィークリーノート」のテンプレート
【特典2】「ウィークリーノート」作成解説音声
【特典3】「3週間無料メールコーチング」

ご希望の方は、下記QRコードまたはURLから
無料でダウンロードいただけます。

https://bit.ly/2LPridY

※プレゼントは予告なく終了することがありますのでご了承ください。
※本プレゼント企画に関するお問い合わせは、info@a-i.asia までお願い致します。

〈著者略歴〉

大平信孝（おおひら・のぶたか）

目標実現の専門家。メンタルコーチ。

株式会社アンカリング・イノベーション代表取締役。

長野県生まれ。中央大学卒業。脳科学とアドラー心理学を組み合わせた独自の目標実現法「行動イノベーション」を開発。その卓越したアプローチによって、日本大学馬術部を２年連続全国優勝に導いたほか、オリンピック選手、トップモデル、ベストセラー作家、経営者をはじめ、１万5,000人以上の目標実現・行動革新サポートを実施。その功績が話題となり、日経新聞、日経ウーマン、プレジデントなど各種メディアからの依頼が続出している。

現在は、法人向けに、チームマネジメント・セルフマネジメントに関する研修、講演、エグゼクティブコーチングを提供している。これまでサポートしてきた企業は、IT、通信教育、商社、医療、美容、小売など40以上の業種にわたる。個人向けには「行動イノベーション年間プログラム」とオンラインサロンを主宰。行動イノベーションメソッドで仮決め仮行動ができるようになり、仕事で業績を上げるだけでなく、人間関係や心身の健康にも効果を実感するメンバーが続出。Schooや天狼院書店の講座の人気講師としても活躍している。

著作の累計発行部数は、22万部を超え、中国、台湾、韓国など海外でも広く翻訳されている。

◆著作

『本気で変わりたい人の行動イノベーション』（秀和システム・だいわ文庫）

『今すぐ変わりたい人の行動イノベーション』（秀和システム）

『続けられない自分を変える本』（フォレスト出版）

『ダラダラ気分を一瞬で変える 小さな習慣』（サンクチュアリ出版）

『先延ばしは１冊のノートでなくなる』（大和書房・だいわ文庫）

『指示待ち部下が自ら考え動き出す！』（かんき出版）

『たった１枚の紙で「続かない」「やりたくない」「自信がない」がなくなる』（大和書房）

『「やめられる人」と「やめられない人」の習慣』（明日香出版社）

『「続けられる人」だけが人生を変えられる』（青春文庫）

【無料メールマガジン「行動イノベーション365」ネクストステージを目指すための行動のヒント】

https://www.reservestock.jp/subscribe/43921

【著者問い合わせ先】info@a-i.asia

装丁デザイン：小口翔平＋須貝美咲（tobufune）
本文デザイン・図版作成：桜井勝志

先が見えなくても、やる気が出なくても
「すぐ動ける人」の週1ノート術

2021年2月9日　第1版第1刷発行

著　者　　大平信孝
発行者　　後藤淳一
発行所　　株式会社PHP研究所
東京本部　〒135-8137　江東区豊洲5-6-52
第二制作部　☎03-3520-9619（編集）
普及部　☎03-3520-9630（販売）
京都本部　〒601-8411　京都市南区西九条北ノ内町11
PHP INTERFACE　https://www.php.co.jp/
組　版　　有限会社エヴリ・シンク
印刷所　　大日本印刷株式会社
製本所　　東京美術紙工協業組合

 ISBN978-4-569-84850-1